芹田健太郎 著

新聞記事と国際法の

信山社

はしがき

人類はコロナ禍で皆マスクをし、インターネットを駆使してつながり、形の上では地球が一体化している。これは、人間が奢《おご》りによって天に届けとばかりに高く積み上げたバベルの塔が崩壊し、互いに異語を話すようになり世界に散って行って以来のことである。

国際法は今こそとても大事なので、広く、やさしく、読者に伝えたい、というのがこの企画の趣旨です、と伝えられて、本書も始まった。

国際法には、気づかずに、新聞を通して毎日接している。そこで、身近な新聞記事に題材をとることとし、場合によっては、何年か前の新聞まで読むこととなるかもしれないと覚悟して構成を考え始めた。

ところが、結果的には、新書のシリーズ1『国際人権法と日本の法制』の執筆中から意識して新聞を読んでいたこともあり、先の原稿を脱稿し、信山社に送付した本年八月には、春を告げる渡良瀬遊水地のヨシ焼きのことや、冬の到来を告げる鴨川のユリカモメのことも、昨冬のものだったが、報じられていた。今冬のニュースとしては神戸港のユリカモメのことが、四季折々の日本を告げるものとして、地方紙に報じられている。地球の湿地帯の保護や渡り鳥の保護に触れることができた。

新聞は日々起きることをわれわれに教えてくれる。その日常の報道の中に潜む問題を掘り起こし、読者に届けてみたかった。そして、できることなら、広く世界の各地、日本の各地の出来事を取り上げてみたかった。

米国サンタバーバラで原油流出事故が発生し、アフガニスタンからは米軍が撤退した。一神教の聖地エルサレムでの住民の対立、アジア・極東に眠る緊張の種のこと等が報じられた。題材に事欠くことはなかった。

個々の事件を取り上げるだけでは、しかし、いかにとっかかりを提供するのが目的とは言え、国際法の全容は摑み切れない。個々の事件報道を、歴史的に、また、国際法を視野に入れながら、読み直すことも試みた。

法は具体的事実を抽象化し言語化しているので、各話題からだけでは伝えきれないものを、各話題の中にある用語の理解を深めるためにも相互参照できるものとして、「はじめに――新聞を読むときに」と題して、一般的な国際法の講話を置いた。

国際法・国際人権法学徒としては信山社の想いに感謝するばかりである。本書では人びとは後景に退いている。しかし、中心に浮かび上がらせることができたであろうか。読者の判断を待つばかりである。

二〇二一年一二月一五日

芹田健太郎

目次

目　次

新聞記事と国際法の話

はじめに――新聞を読むときに

■国際社会と国家

地球上には七〇億の人類が住み、約二〇〇の国家（うち国際連合加盟国は二〇二一年四月現在一九三ヵ国）がある。これらの国家が国際社会のメンバーである。しかし、人口を見れば、最大は中国が一四億人を抱え、最少はバチカン市国の七〇〇人ほど、次はモナコ公国の四万人足らずである。最大の領域国ロシアは一七〇〇万平方キロメートルもある。太平洋の島国ツバルは最も高い所で海抜五メートルしかなく、気候温暖化による海面上昇で水没してしまうのではないかと危惧されているが、同国も国連加盟国であり、領域は二〇平方キロ（筆者の住む神戸市中央区ほど）であり、領域としては小さい方から数えて世界第四位である。

世界約二〇〇ヵ国としたのは、日本外務省は二〇二一年四月現在では、世界の国家数を日本を含め一九六ヵ国としているようで、この中には、朝鮮民主主義人民共和国（北朝鮮）は、日本は国家として認めていないので、含まれておらず、正式なお付き合いはない。ただし、北朝鮮も、大韓民国（韓国）と同様に、国際連合には加盟しているので、国際連合の中ではお付き合いがある。なお、日本が承認しており東京に大使館のあるバチカン市国やコソボ共和国は国際連合には加盟していない。

人間社会は、生まれたての赤ちゃんと大人の間ではともかく、大人の間ではさほど大きな体格的な差はない。しかし、国際社会のメンバーはこれほど多様である。

いずれの国家も、しかしながら、抽象的に言えば、領域（領土）、そこに住む住民（国民）、これらを実効的に統治する政府をもっている。領域のない国家はないし、国民のいない国家もない。また、政府をもたない国家もない。

国家は領域や国民を守るために、国内の治安・秩序維持のための実力組織である警察と、外国からの攻撃に備えた軍隊とをもっている。統治の実効性は秩序を維持する力によって担保されている。ただ、コスタリカのように近隣との関係が良好であれば軍隊は無用であるし、パラオやマーシャル諸島などのように大洋の真っ只中《ただなか》の島嶼《とうしょ》国は隣国に攻め込まれる虞《おそれ》もなく、外交や防衛を他国に委ねていることもある。もっとも、軍隊は警察に比し圧倒的な火力をもつ実力組織であるのでこれを握った者が独裁権力の基盤にしていることもある。

■自然的事実と国家の行為

海底火山の爆発で島ができたり、河川から海に流出する砂等によって河口が広がったりするのは自然現象であり、自然的事実である。こうした事実のうち、権利を生み出すものと法が認める事実のことを権原（title）という。河口が広がったことや海岸の埋立地の造成という人工的な新地の形成により領土が広がることは、国際法が認める領域取得の権原のうち、添付という。

領域取得の権原としては、このほか、譲渡や併合など国家の行為に基づく権原がある。

■誰のことば、誰の行いが国家の行為か

誰のことば、行いが国家の行為とされるのか。具体的には、立法・行政・司法の三権の機関の行為が国家の行為であり、対外的に国家を代表するのは政府である。国家の行為には、人の行為と同じように、国家が単独で行うものと、国家が複数で行うもの、とがある

単独で行うものは、一方行為（単独行為）と言われ、通告、約束、承認、抗議、放棄がある。放棄は、たとえば、その国が派遣する外交官は各種の特権・免除をもち、受入国の裁判権から免除されているが、派遣国はこの裁判からの免除を明示的に放棄することができる（外交関係条約第三二条）こと等である。

国家が複数で行うものは、条約を結ぶことがそうであり、双方行為と合同行為の二種のものに分類される。双方行為は、売買契約と同じように、当事者の意思が「売る」と「買う」のように、互いに向き合っている条約の締結であり、合同行為は、国際組織やグループの設立のように、お互いの意思が同一方向を向いている条約の締結である。

条約の名称としては、二国間のものとしては、条約のほか、協定、議定書、合意議事

録、約定、交換公文、宣言があり、多数国間のものとしては、憲章、条約、協定、規約、規程、約定《やくじょう》、(追加)議定書、宣言、確認書、取極《とりきめ》、文書がある(これらの例とともに問題点など、国際法事例研究会編『条約法』参照)。

■行為に対する評価

行為に対する評価には、その行為が国際法上合法的なものか、という行為の合法性を問うものと、その行為が他国に対抗できるものか、という行為の対抗力を問うものとがある。たとえば、漁業水域は一二カイリまでは認められていたものの、二〇〇カイリ排他的経済水域制度がまだ国際法上で確立されていなかった時代に、アイスランドが一九七二年自国の排他的漁業水域を一方的に五〇カイリに拡大したことがあった(一方行為)。これに影響を受けるイギリスはこの一方的拡大が「国際法に根拠がなく無効である」と国際司法裁判所に訴えた。これに対し裁判所は、当時海洋法が変動期にあったことが影響してか、アイスランドの一方的拡大という行為が合法か違法かという判断を避け、違法であれば当然対抗力はないのだが、アイスランドの一方的拡大はイギリス政府に対して「対抗できない（not opposable）」とのみ判決した。つまり、一つの行為に対しては「合法性」（legality）と「対抗力」（opposability）という二つの見方ができることを示している。

第一話　小笠原の海底火山「福徳岡ノ場」

記事

「生まれては消え　一〇〇年の島」という見出しで、「小笠原の海底火山「福徳岡ノ場」」という記事が出たのは、二〇二一年九月二二日である（『朝日』）。

■「島」とは何か

日本には海岸線の長さが一〇〇メートル以上のものが六八五二島あると言われ、離島振興法による離島振興対策に含まれる有人離島は二五四島あるとされている。

そもそも地球は「水惑星」と言われ、表面の七〇%が水に覆われており、国際的には一般にオーストラリアより大きい陸地を大陸と呼び、グリーンランドより小さい陸地を島と呼んでいる。日本では、「本州」「北海道」「四国」「九州」とそれ以外の「島」とに分けて呼びならわされているが、国連海洋法条約では、「島とは、自然に形成された陸地であって水に囲まれ、高潮時においても水面上にあるものをいう」とされている（同条約一二一条）。そして、島は領海、大陸棚、二〇〇カイリまでの排他的経済水域をもつが、「人間の居住又は独自の経済生活を維持することのできない岩は、排他的経済水域又は大陸棚を有しない」（同条三項）とされている。但し、条約には「岩」の定義はない。

国際水路局の定義では、面積一平方キロメートル以下のものは"rock"であり、一～一〇平方キロメートルのものが"small islet"と呼ばれている。ところがアメリカ国務省のホッジソンは、平均高潮の水面上にあるどのように小さな岩であっても、地理的にも法的にも島（an island）であることを当然とした上で、面積が〇・〇〇一平方マイル（約〇・〇〇二五九平方キロメートル）以下のものを"isles"、一〇〇〇平方マイル以上のものを"islands"と分類した。国際水路局の「岩」はホッジソンの「岩」の実に四〇〇倍にも達する（国連海洋法会議における島に関する各国提案については芹田『島の領有と経済水域の境界画定』（一九九九、有信堂）（芹田『著作集』第8巻再録）参照）。なお、面積一平方キロメートルといえば、石川県輪島市の北方約四八キロメートル沖の海上に浮かぶ舳倉島がそうであり、周囲約六キロ、人も住んでいる。

■福徳岡ノ場

さて、「福徳岡ノ場」は南硫黄島（東京都小笠原村）から北東約五キロに位置する海底火山であるという。日本の領海の幅は基線（基本的に日本が公認する大縮尺海図に記載されている海岸の低潮線であるが、ほぼ海岸線といってよい）から一二カイリであるので、「福徳岡ノ場」は日本の領海内にある。

記事は、「陸地部分が残れば、領海や排他的経済水域は広がるのか」と自問し、「領海やEEZは島が海図に載ってはじめて認められるが、いまは火山活動が続いており現状では海上保安庁の調査は難しいという。海保の担当者は「測量の結果によっては領海、EEZが広がる可能性はある。だが、調査できていない現状ではなんとも言えない」という」で結ばれている。

ところで、領海の幅については、いずれの国も基線から測定して一二カイリを超えない範囲でその領海の幅を定める権利を有する（国連海洋法条約三条）。日本は、海域によっては直線基線を採用し、国際航行に利用される海峡については特定水域とし領海の幅を三カイリにとどめているが、領海の幅は原則として一二カイリと定めている。

島の領海やEEZは「海図に載ってはじめ認められる」ものというのではない。「島とは、自然に形成された陸地であって水に囲まれ、高潮時においても水面上にあるものをいう」のであるから、その要件を満たしているか否かが問われねばならない。その上で、当該島が「人間の居住又は独自の経済生活を維持することのできない」ものであれば、領海はあるが、大陸棚や排他的経済水域はもたない。したがって、「福徳岡ノ場」が島の要件を満たせば領海はもつが、「人間の居住又は独自の経済生活を維持することのできない」のであれば、たとえ島としての要件を満たしたとしても、大陸棚も排他的経済水域ももたないので、これが広がることはない。そのためには調査が必要となる。島として残ることになれば、領域取得の権原としては、自然現象による「添付」ということになるが、すでに「じわじわと小さくなりつつある」。報道の時点で、東西二つに分かれ、東側は「一二日、海保が水没したことを確認した」。

■海底火山爆発余波

国際法にはかかわらないが、これまでもすでに、魚が軽石を呑み込んだり、漁船のエンジンが吸い込んで故障したり等漁業関係の被害が報じられているところ、二〇二一年一一月一七日には　海底火山の噴火で発生した「軽石伊豆諸島へ接近」が報じられ、「軽石は今週中にも東海・関東地方の沖合を通過して本格的に伊豆諸島へ漂着するおそれがあり、（海洋開発研究）機構は船舶の航行などに注意を呼びかけている。」

軽石の漂流は一〇〇〇キロ以上も離れた沖縄、鹿児島の島々に大量に漂着し、漁業や観光に深刻な被害をもたらしている。「前例のない自然災害であり、影響はさらに広がる恐れがある」として、『神戸』（二九二一年一一月一九日）は社説で、「政府は関係機関と協力して監視を強化し、対策と支援を加速させねばならない」と主張している。

第二話　竹島・北方領土

記事

一　竹島（韓国側は独島という）に関して、外務省は、二〇二一年八月一七日の報道発表の中で、「韓国国会議員による竹島上陸に対する抗議」を行った。その中で、次のように言う。「我が国からの事前の抗議・中止の申入れにもかかわらず」同日「アジア太平洋局長から……在京韓国大使館次席公使、また在韓日本大使館総括公使から……韓国外交部アジア太平洋局長に対し、それぞれ、我が国による事前の抗議・中止申入れにもかかわらず強行された本件上陸は、竹島が、歴史的事実に照らしても、かつ、国際法上も明らかに日本固有の領土であることに鑑み到底受けいれることができず、極めて遺憾であり、改めて強く抗議するとともに再発防止を強く求める旨を申し入れました」。

二　北方領土（ロシア側は南クリル諸島という）に関して、二〇二一年七月二六日、ロシア首相、北方領土を訪問「関税免除」を提案と報じられ（『日経』）、続いて、同九月三日、プーチン、極東ウラジオストックで開催中の東方経済フォーラムで演説し、「ロシア、北方領土に経済特区創設へ　実効支配の強化」と題し（『日経』二一年九月四日朝刊、なお『朝日』は「北方領土に経済特区」副題にプーチン「経済開発加速」とし、『神戸』は経済特区よりも、「平和条約必要性強調」の見出しとしていた）、次のように報じた。「クリール諸島（千島列島と北方領土）全体を対象」に、「優遇策はロシアのみならず、日本を含めた外国企業も利用できる」。

■竹島・北方領土の現況

竹島も、いわゆる北方領土も、現に支配、統治しているのは相手国である。

竹　島

もう三〇年近くも前になるが、一九八二年二月一四日に、ある参議院議員が議長宛に、日本政府の基本的認識、竹島の現状等について質問主意書を提出し、当時の総理大臣から参議院議長を通じて答弁書を送付した。先ず、「政府は、韓国政府が竹島に各種施設を構築し、不法占拠を続けていることは、誠に遺憾であると考えている」とし、現状については、「累次の巡視結果によれば、竹島には、現在、灯台、見張り所、兵舎、コンクリート製の建物、鉄製のやぐら、アンテナ等の建造物が構築され、警備員も配置されていることが確認されている。」とした。この状況は現在に至っても、強化されこそすれ、変わってはいない。

なお、二〇一二年八月一〇日には、当時の李明博大統領が、大統領としては初めて竹島に上陸した。

北方領土

一八七五年五月七日に日露間に樺太・千島交換条約が結ばれ、日本は全樺太をロシア領と認め、ロシアはその所領「クリル」群島すなわちシュムシュ島からウルップ島に至る一八の島々を日本に譲った。こうして、北海道の一部とされていた国後島《くなしり》、択捉島《えとろふ》、歯舞群島《はぼまい》、色丹島《しこたん》を南千島と呼び、ロシア所領であった「クリル」群島を北千島、中千島と呼び統治していたところ、第二次世界大戦末期、一九四五年二月の米英ソ三首脳のヤルタ秘密協定に基づき、四五年八月八日に、日露中立条約はまだ有効であったが、対日参戦した

ソ連は、一一日に南樺太の攻撃を始め、二五日までに全土を抑えた。他方、日本は八月一四日にポツダム宣言を受諾し、一六日に天皇が全軍隊に即日停戦を命じていたが、カムチャッカ半島に最も近いシュムシュ島に対するソ連軍の一八日からの上陸作戦によって戦闘が開始され、二三日にシュムシュ島の日本兵はすべて降伏した。その後ソ連軍は南下し、二八日までに樺太千島交換条約によって日本に譲渡した、かつてのロシア領のウルップ島までの全一八島を占領した。択捉以南は米軍の担当としてソ連軍は引き返したと伝えられるが、米軍が占領していないのを知って、ソ連軍は別動隊によって択捉、国後、色丹、歯舞の諸島を九月三日までに占領してしまった。そして、陸戦ノ法規慣例ニ関スルハーグ条約の軍事占領下の占領者の義務に反して。四六年二月二日に土地・銀行等の国有化を行い、翌三日にはソ連の構成共和国のひとつであるロシア共和国が自己の領域に編入する措置をとった。ソ連はそのため連邦憲法を改正し、ロシア憲法

も改正された。日本は、一九五一年の対日平和条約において「千島並びに日本国が一九〇五年九月五日のポーツマス条約の結果として主権を獲得した樺太の一部及びこれに近接する諸島に対するすべての権利、権原及び請求権を放棄」した。ソ連は対日平和条約の当事国ではないので、一九五六年に日ソ共同宣言という名前の条約を結び、戦争状態の終了等を定め、平和条約の締結後に、ソ連は「歯舞群島及び色丹島を日本国に引き渡すことに同意」した（詳しくは、芹田著『日本の領土』（中公文庫）（『著作集』第9巻、信山社）参照）。ソ連の解体後、平和条約交渉は継承国ロシアとの間で行われ、いまだに継続中で、今日に至っている。なお、この間の二〇二〇年七月にロシア憲法が改正され、領土割譲禁止に関する条項が盛り込まれた。

■国際法上の問題

竹　島

竹島に関しては、日本が歴史上日本固有の領土として一九〇五年に島根県に編入したのに対し、韓国もまた古くからの韓国領土であると主張し、日本の領土編入措置は無効である、とする。一九〇五年当時韓国が編入措置に異議を申し立てた様子はないが、韓国にしてみれば、一九一〇年に韓国という国全体が日本に併合されてしまう、いわば直前のことで、国全体が奪われようとしており、また、一九〇五年の保護条約で外交権が事実上日本にあったので、異議申立てができる状況になかった、ということになる（全般的に、国際法事例研究会『領土』（慶應通信、一九八九）参照）。

いずれにしろ、歴史的権原が争われているる場合には、現在のフィリピン（旧本国アメリカ）の南端とインドネシア（旧本国オランダ）の北端との中ほどに位置するパルマス島に関して米国とオランダの間で争われたパルマス島事件仲裁判決や、英仏海峡のフランス側にあるマンキエ・エクレオの岩礁について、国際司法裁判所で英仏間に争われた判決など、冷静な、綿密な検討がなされるべきであろう。しかし何よりも、相互友好の立場から、領有権の凍結や共同開発の在り方を求めることこそ望ましい（『中央公論』（日本）二〇〇六年一一月号、『新東亜』（韓国）二〇〇七年三月号参照）。

北方領土

北方領土に関しては、問題は、日本が対日平和条約で放棄した「千島」の範囲にかかっている。先に触れた対日平和条約第二条(c)は次のように規定する。領土権の放棄を定める日本語全文と英文の関連部分を掲げる。

日本国は、千島列島並びに日本国が一九〇五年九月五日のポーツマス条約の結果として主権を獲得した樺太の一部及びこれに近接する諸島に対するすべての権利、権原及び請求権を放棄する。

Japan renounces all rights, title and claim to the Kurile Islands

日本は、放棄した「千島列島」は、先に触れた一八七五年五月七日の樺太・千島交換条約で、ロシアが日本に譲った「クリル」群島すなわちシュムシュ島からウルップ島に至る一八の島々のことを指し、日本が北海道の一部としてきた国後《くなしり》島、択捉《えとろふ》島、歯舞《はぼまい》群島、色丹《しこたん》島は含まれない、としている。もっとも、この点には、対日平和条約発効前後の政府の国会答弁には若干の揺れがあるのも事実である（芹田前掲『日本の領土』参照）。ロシア側は、放棄された「Kurile Islands」は、日本が統治していた北、中、南千島のすべてを指す、と主張する。したがって、ソ連およびこれを継承したロシアは、日ソ共同宣言第九項で、「ソヴィエト社会主義共和国連邦は、日本国の要望にこたえかつ日本国の利益を考慮して、歯舞群島及び色丹島を日本国に引き渡すことに同意」したので、平和条約締結交渉では、日ソ共同宣言で触れている地域の引き渡ししか問題にならず、ロシアにとってはいわゆる四島の共同開発が中心である、と言える。

■北方領土問題の解決はあるか

日露両国民が、日本とロシアの間にある領土問題を正しく理解するための一助として、日露両国外務省が協力して、共同で作成した『日露間領土問題の歴史に関する共同作成資料集』が一九九二年に完成した。この中には、二国間の領土確定に関する日露、日ソ間の基本文書および本問題に関係のある一連の文書・資料が収録されている。序文では次のように、両国外務省の合意によって記されている。

「クリル諸島への日本人進出が南から、ロシア人の進出が北から行われた結果、一九世紀半ばまでに択捉島とウルップ島との間に日露の国境線が形成された。一八五五年二月七日付けの日露通航条約により、この国境線が法的に画定され、択捉島、国後島、色丹島および歯舞群島は日本領、ウルップ島以北の諸島はロシア領として平和裏に画定された」。

　この後、一八七五年の樺太・千島交換条約により、樺太全島における日本の権利と引き換えに、ウルップ島からシュムシュ島までの諸島がロシアから日本に平和裏に譲与された。

　しかし、帝政ロシアとの日露戦争後のポーツマス条約では、南樺太の日本への譲渡等が取り決められたが、第二次世界大戦後の対日平和条約で放棄する領土が取り決められた。いわゆる北方領土は、第二大戦末期にソ連に軍事占領され、戦後に日本が放棄した地域はソ連および後継国ロシアが統治して現在に至っている。

　こうした歴史に鑑みれば、平和裏に結ばれたとはいえ、樺太・千島交換条約には日本側に憾《うら》みが残った感があり、ポーツマス条約につながり、それがまた対日平和条約までつながったとも思われるので、一九世紀に日露通航条約で引かれた国境線は大いに意味のあるものと考えられる。

　今回プーチン大統領が平和条約の締結と「経済特区」創設を提案したことは、日本へ決断を迫っていると思える。日本は四島返還を一貫して主張しているが、四島返還論の中にも、大きな択捉島、国後島のほかの二島（色丹島、歯舞群島）先行返還論もある。

共同統治を踏まえた議論もあってもいい。間もなく第二次世界大戦後も八〇年にもなる。政治の怠慢ではないであろうか。今日の日本は、日露通航条約締結時とは当然異なり、また第二次世界大戦前とも異なるが、北方への展開というより、南方へと関心は向かっている。北方は安定的にしっかり固めておくのが得策であろう。

第三話　尖閣諸島・南シナ海

記事

二〇二一年六月一六日に尖閣周辺の中国公船一二四日連続で確認　過去最長確認と報じられ、続いて、七月一〇日正午前、中国当局の船舶が沖縄の尖閣周辺の日本の領海内に侵入　周辺で当局の船が確認されるのは一四八日連続　海上保安庁によると、日本の領海内に侵入した中国海警局の船二隻　二〇一二年九月の尖閣諸島国有化以降過去最高最長を更新している、と報じられた。

■尖閣諸島の現況

尖閣諸島は、沖縄県八重山列島の北方一六〇キロメートルの小島群で、魚釣島《うおつり》、北小島、南小島、久場島《くば》（黄尾嶼《こうびしょ》）、大正島（赤尾嶼《せきびしょ》）、沖の北岩、沖の南岩、飛瀬《とびせ》の総称であり、総面積は、約六・三平方キロメートル、最大の島である魚釣島（中国名：釣魚島）が約三・六平方キロメートルである。

日本は、これらの島が清国（中国）に属していないかを明治政府が現地調査し、清国に所属していないことを慎重に確認し、一八九五年一月一四日の閣議決定により沖縄県の所轄とし、標杭を建てることを決定した。何処からも異議は出なかった。

第二次大戦後は、米軍の占領下に置かれ、北緯二九度以南の琉球諸島等を含む地域について、米国が信託統治地域として国連に提案すればそうなるところ（対日平和条約三条）、一九七一年調印の沖縄返還協定が翌年五月に発効したことにより、日本国憲法の下に戻った。ある時期に日本人が定住したことがある以外、今も昔も無人島である。これといった天然資源もないとされていたため、とくに世人の注目を浴びることはなかった。

中華人民共和国による領有権主張

一九六八年秋に、しかし、日・韓・台の科学者を中心とした当時のＥＣＡＦＥ（国連アジア極東委員会、現ＥＳＣＡＰアジア太平洋経済委員会）が東シナ海一帯にわたって行った地球物理学的調査によって、台湾のほぼ北東約二〇万平方キロメートルの海底区域に石油資源が豊富に埋蔵されている可能性が指摘され、にわかに諸外国の注目を集め、一九七一年一二月の外交部声明によってはじめて中華人民共和国による領有権主張が行われた。

日本は一九五一年の対日平和条約の締結とともに、日華平和条約を結んでいたが、同条約は、事実上、台湾を統治する中華民国との関係に適用されてきたところ、一九七二年九月には、一九四九年一〇月一日に成立していた中華人民共和国との間に、日中共同声明が発表され、「これまでの不正常な関係」を終了させ、日中間に正式に国交が開かれ、七八年八月には日中平和友好条約が結ばれた。尖閣諸島に関しては意見は一致せず、二〇〇八年一二月八日には中国公船が尖閣諸島周辺の領海に侵入するに至り、二〇一〇年には中国漁船が海上保安庁の巡視船に衝突する事件を引き起こした。

実効支配と国有化

二〇一八年の中国公船の侵入事件については、日本では現場の暴走であろう、との見方が強かったが、中国の国情から見て、この現場暴走の見方に疑問をもった共同通信記者はこれを追求し続け、二〇一九年一二月三〇日付け朝刊用に　共同通信は、特報記事として、「尖閣侵入『〇六年から計画』中国船指揮官が初証言　支配打破に指導部指示」を打電した。つまり、中国が日本による実効的支配を揺るがそうとしていることが判明し、この実名報道というスクープによって日本が尖閣諸島を実効的に支配していること（日本の尖閣諸島に対する実効支配）が世界中に知らされることとなったのである。

なお、日本は、二〇一二年四月一六日に当時の東京都知事が発表した尖閣諸島購入計画に端を発し、二〇一二年九月一一日「平穏かつ安定的な維持管理」のために尖閣諸島の民間人所有の島々を購入し、国有化した。実効的支配の観点からは、実効的支配の無用な誇示でしかなかった。

国有地化以前は、二〇〇二年一〇月に賃借権を登記し、政府が借り上げてきていた。当時、私は、政府の借り上げの意図として、「土地が転売されて建物が建てられたら、日中間の新たなトゲになりかねない。直接的にはこうしたトラブル回避が目的ではないか」とコメントしていた（『読売』二〇〇三年一月一日）。

■国際法上の問題

中国の主張

中国外交部声明では、沖縄返還協定の「返還区域」の中に尖閣諸島を組み入れているのは、中国の領土と主権に対する侵犯であり、「不法」である、という。

この主張の問題点は、第二次世界大戦終了後返還協定締結時に至るまで、引き続き、尖閣諸島が中国領であったのかどうかである。

尖閣諸島は第二次大戦前には行政的に八重山《やえやま》群島に所属していた。その八重山群島に対する米軍の軍事占領が始まるのは四五年一一月であるが、その前の四五年一〇月二五日には中国による台湾等の領土編入措置が終了しており、中国で発行された地図では、尖閣諸島は中国領の範囲から外され、琉球群島の一部とされている。また、中国には尖閣諸島に対する統治の実体は見られない。

他方、日本は、軍事占領に続く米国施政権下において、尖閣諸島を琉球列島の地理的範囲に含めていた。そして、黄尾嶼《こうびしょ》および赤尾嶼《せきびしょ》には米海軍の爆撃演習海域が設立され、赤尾嶼（大正島）は国有地であったが、民有地であった黄尾嶼（久場《くば》島）は、所有者との間に琉球政府が代理人となって軍用地基本賃貸借契約が結ばれ、賃借料が支払われ、所有者に対しては軍用地使用収入に対する源泉徴収が行われていた。

中国はまた、尖閣諸島が台湾の付属島嶼であるとも主張する。しかし、この点は、日清戦争の平和条約である下関条約の日中双方の代表によって、尖閣諸島が「台湾付属の島嶼」に含まれないことが一致して認められていた。

日本の主張

日本の主張の根拠は無主地先占の法理である。つまり、国際法上、いずれの国家の領有にも服さない土地（無主地）を取得する意思をもって取得することが国際法上認められており、尖閣諸島が無主地であったことを主張するものである。

この日本の主張に対しては中国は古くからの中国の領土であったと主張する。この海域では、古くは一三世紀頃から一六世紀にかけて活躍していた倭寇を抜きに語るのも難しいであろう。台湾は、隋や元の遠征を受けたことはあったが、未開の地であり明代は倭寇の根拠地となったり、明末一七世紀初頭にはオランダ人が現在の台南市にゼーランド城などを築き、スペイン人がマニラから来て北部の基隆などを貿易の拠点としたが、間もなくスペイン人はオランダ人に追われ、約四〇年のオランダ人支配が続いた。

琉球国と中国とが初めて交渉をもったのは、元を滅ぼした明の太祖（朱元璋）が即位した直後の一三七二年であったと言われる。その後、明を滅ぼした清が一六八一年には華南をも平定したが、これに抵抗する明の遺臣　鄭成功は台湾からオランダ人を駆逐し、ここを根拠にさらに抵抗を続けたが、一六八三年、台湾に出兵した清軍の軍門に降り、ここにはじめて、清は台湾を中国の版図に入れ、福建省所属の台湾府を置いたのである。したがって、明代に尖閣諸島が「台湾の付属島嶼」であった事実はない、と言えよう。

一九世紀までのアジアの国際関係は冊封体制として説明される。琉球と中国との冊封関係は明治政府が沖縄県を設置し、これを禁じるまでの五〇〇年の間続いた。尖閣諸島は中国と琉球との往来の航路にあたり、双方共に認識していた（詳細については芹田前掲『日本の領土』（前掲同『著作集』第9巻再録）。なお、英文は、Serita, "The territory of Japan its History and Legal Basis" 2002）参照）。

カギ尻尾猫

なお、日本は南蛮船（ポルトガル船）の来航を禁じた一六三九年からペリーが来航した一八五三年まで鎖国を続けたが、長崎の出島にはオランダ、中国の船は来航を許され、商館も建てられ、オランダ植民地であったインドネシアのバタビア（現在のジャカルタ）を根拠地とするオランダ東インド会社を通じた貿易は行われていた。当時の船舶は積み荷をネズミから守るため船内に猫を飼っており、東南アジアの猫にはカギ尻尾が多く、日本各地にも見られ、わが家にもカギ尻尾猫がいたが、特に長崎の猫にはカギ尻尾猫の割合が日本各地の平均よりかなり高く、この事実は鎖国中の貿易を如実に物語っているものと言われる。

■解決の道はあるのか

日中共同声明

対日平和条約第二条の「台湾及び澎湖諸島に対するすべての権利、権原及び請求権を放棄する」は、中国を代表する中華民国との平和条約である日華平和条約第二条で、そのことが「承認される」とされた。そして、中華人民共和国との日中共同声明において、日本の立場としては、法的に戦争の終了は日華平和条約で規定されているので、「不正常な状態」の終了を先ず謳い、次に、領土に関しては、「中華人民共和国政府は、台湾が中華人民共和国の領土の不可分の一部であることを重ねて表明する。日本国政府は、この中華人民共和国政府の立場を十分理解し、尊重し、ポツダム宣言第八項に基づく立場を堅持する」と宣言した。なお、ポツダム宣言は。第二次世界大戦末期の一九四三年一一月二三日にカイロで、ルーズベルト米国大統領、蒋介石総統およびチャーチル英国首相が発出した声明である。

歴史的に台湾と中国本土との関係については先述してきた通りであり、第二次大戦後には、本土を追われた蒋介石が率いる国民党が大陸の共産党と対立してきた。現在の台湾は国民党と民進党の二大政党制で、民進党が政権に就いている。日本との関係は民間の代表が相互に駐在し、貿易関係を維持している。台湾も一時期尖閣諸島の領有を主張したことがあったが、明確な証拠は提出していなかった。

台湾海峡と安全保障

二〇二一年一一月一三日、「日米、尖閣の重要性確認　初の外相電話会談　台湾海峡の安定へ連携」との見出しで報じられたように（『神戸』二〇二一年一一月一三日夕刊）、台湾海峡について安全保障の観点から関心が高まっており、領有権問題は日米台の一体的連携関係の中では、専ら、対中国の問題である。領有問題発生の当初は油田開発の問題もあり、漁業問題と絡めて、この海域の共同開発による協力関係の構築が論じられてきた。しかし、漁業問題については、北緯二七度線以北海域の日中協定と北緯二七度以南の海域についての日台民間協定によって、平和裏に運用されている。油田の日中共同開発については沙汰止みの感がある。武力対立の脅威を煽らないことが肝要である。

領土問題はややもすると人々を感情的にさせ、理性を失わせ、冷静さを失わせる。それのみならず、人びとのなかには、領土問題がそうした火種であることを利用して、領土問題を煽り立て、ナショナリスチックな感情に火をつけようとする者が現れる。そうしたものは、村上春樹のいう「安酒の酔い」(『朝日』二〇一二年九月二八日)である、と知るべきであろう。

■南シナ海

日本は植民地台湾とともに統治していた「新南群島(the Spratly Islands)及び西沙群

島（the Paracel Islands）に対するすべての権利、権原および請求権を放棄」した（対日平和条約二条(f)）。

二〇二一年一一月一七日には、「南シナ海で初　日米対潜訓練」が報じられた（『神戸』）。「海上自衛隊は一六日、海自の潜水艦が同日、南シナ海では初となる米海軍との対潜水艦戦の共同訓練を実施したと発表した。対潜水艦訓練は潜水艦の位置を探知し、攻撃する手順を確認する高度な内容。中国は南シナ海の領有主張を強めており、日米は共同訓練でけん制する狙いとみられる。」「海自によると、訓練には潜水艦を見つける能力に優れているP1哨戒機、ヘリコプター搭載型護衛艦かが、護衛艦むらさめも参加。P1が南シナ海での日米対潜戦訓練に参加するのも初で、国内の海自基地から発進した。米海軍は駆逐艦一隻とPSA哨戒機を投入した。」

「フィリピン外相は一八日、南シナ海の南沙諸島（英語名スプラトリー、日本では前述の通り、新南群島と呼ばれていた）で一六日にフィリピン軍の兵士に食料を運んでいた二隻に、中国海警局の船舶三隻が放水銃を使用して作業を妨害したと明らかにし『断固とした言葉で強い怒りと非難を伝えた』と猛攻撃する声明を発表した」。「米フィリピン両国は妨害があった一六日、米国で外務・防衛当局による戦略対話を開き、共同声明で『中国による南シナ海でのフィリピンの漁業やエネルギー開発への嫌がらせは違法だ』と中国を非難していた」。他方、中国外務省の「副報道局長は一八日、フィリピンの船舶が『中国の同意を得ず』中国の海域に入ったと主張。『中国海警局の船が法に基づき公務を執行し、中国の主権を守った』と述べて対応を正当化した」と報じた（マニラ、北京共同電により『神戸』二〇二一年一一月一九日）。

なお、中華人民共和国のいわゆる九段線に囲まれた南シナ海の区域についてフィリピンが国連海洋法条約附属書Ⅶに基づき、二〇一三年一月二二日に仲裁申立てをした南シナ海事件において、二〇一六年七月一二日、オランダ・ハーグの常設仲裁裁判所は、中国が主張する歴史的権利その他の主権的権利や管轄権は国連海洋法条約に反し、法的効果をもたないと判断した（判決一二〇三項 判決主文B（2））、他方中国は直ちに、この仲裁判決が無効であり、拘束力がなく、中国は受け入れず、認めないことを声明した。

第四話　北朝鮮、日本海へ向けて弾道ミサイル発射

記事

二〇二一年九月、「北朝鮮またミサイル発射、新型の可能性　EEZ外に落下か」と題され、「北朝鮮は一五日に弾道ミサイルを発射したばかり」「日本の関係者は日本の排他的経済水域（EEZ）外に落下したと見られると明らかにした。船舶の被害は確認されていない」と報道され、また「北朝鮮の……国連大使は……二七日、国連総会一般討論演説で、北朝鮮が保有する戦略兵器は自衛権に基づく正当なもので、米国の脅威を抑止し戦争を防いでいると主張した」と報じた（『神戸』二〇二一年九月二九日朝刊）。さらに、同一〇月「北朝鮮が弾道ミサイル　日本海へ　潜水艦発射の可能性」と題され、「韓国軍は……潜水艦発射弾道ミサイル（SLBM）と推定している」

「長距離を移動可能な潜水艦からの攻撃が可能になれば、日韓だけでなく、米国への直接の脅威になる。弾道ミサイルの発射は国連安保理決議違反で、韓国大統領府は「深い遺憾を表明する」とコメントした」と報じた（『朝日』二〇二一年一〇月二〇日朝刊）。

■国際法上の問題

新聞記事に明らかなように、問題は二つに分けられる。ひとつは、ミサイル落下地点が日本の排他的経済水域の内外であるか否か、他のひとつは、自衛権の問題とこれに係る国連安保理決議違反の問題である。

一　排他的経済水域

なぜ、ミサイル落下地点が日本の排他的経済水域の内外であるか否かが日本の報道で常に問われているのか。

排他的経済水域は、第三回国連海洋法会議で審議され、一九八二年に採択された国連海洋法条約で創設された特別の海洋法制度であり、海洋法条約規定によって規律される。海域としては、領海に接し、領海基線から二〇〇カイリまでの幅で沿岸国が設定できる。排他的経済水域の先は公海である。

沿岸国は、海底の上部水域および海底とその下の天然資源（生物資源と非生物資源を含む）の探査、開発、保存、管理のための主権的権利と、経済的な目的で行う探査・開発の活動（海水、海流、風からのエネルギー生産等）に関する主権的権利のほか、人工島等の設置・利用、海洋の科学的調査、海洋環境の保護・保全に関する管轄権などをもっている（条約五六条）。そして、この排他的経済水域に関し、すべての国が同条約の定める航行・上空飛行等の自由（基本的には公海の自由に等しい）をもっている（同五八条）。しかし、これらの自由はすでに一九五八年の公海条約において認められた慣習法上のものであるが、同時に、公海条約は「公海の自由を行使する他国の利益に合理的な配慮を払って、行使されなければならない」（同二条）と定めた。そして、これを踏襲する類似の規定が国連海洋法条約第七部「公海」第八七条にある。五八年条約の条文の背景には、一九五四年三月一日のマー

一九五八年の公海条約

シャル諸島ビキニ環礁で行った米国の水爆実験で、危険水域外にいて被爆した第五福竜丸事件が念頭にあったと言えよう。

航行の自由

五八年条約が「特に次のものが含まれる」として、公海の自由の典型的な自由として掲げていたのは、歴史的に一七世紀には確立した航行の自由、その後の漁獲の自由、そして、科学技術の発展に伴い海底電線・海底パイプライン敷設の自由、飛行機の登場によって領空が誕生し、領空飛行は制限されたが、公海の上空飛行の自由は認められた。ここに掲げられたのは、そうした歴史的に獲得されてきた順番に沿うものであった。それは、一九五八年の第一回国連海洋会議で採択されたジュネーヴ海洋法四条約のうち大陸棚条約、公海生物資源保存条約が立法条約であったのに対し、領海条約、公海条約が慣習法の法典化であったことを如実に示すものであり、その意味で、第三回国連海洋法会議で採択された国連海洋法条約が掲げる順番とは異なることにも、注目するのが良い。北朝鮮は国連海洋法条約の当事国ではないが、慣習法の下にはある。

ところで、五八年条約の下では、伝統的に認められていた自由として、ほかに、艦隊演習、実弾射撃訓練が是認されていた。国連海洋法条約も前述八七条で「特に次のものが含まれる」として典型例を例示しているので、艦隊演習や実弾射撃訓練を是認しているものと考えられる。しかし、とくに実弾射撃訓練の場合は航行等の安全に対する危険があり、日本の場合、海上保安庁が毎週出す船舶交通安全情報として「水路通報」により、海上自衛隊や米国海軍の実弾射撃訓練情報を提供している。

米国が行った水爆実験に関しては、艦隊演習や実弾射撃訓練が比較的小範囲かつ一時的であるのと異なり、広範囲かつ長期にわたるものであるので、水爆実験が公海の自由に含まれるかについては、見解が分かれていた。十分な予防手段をとる限り合法とするものと、水爆実験は使用の自由には含まれない、とする考えであった。

第五福竜丸

第五福竜丸は、前述の米国の水爆実験で設定していた危険水域外にあって被爆した焼津のマグロはえ縄漁船（現在、東京都江東区夢の島の都立第五福竜丸展示館に実物が保存展示されている）で、帰港後の九月末には同船の無線長久保山愛吉さんが亡くなったことにかかわる事件で、その他にも多くの漁船、乗組員に被害が出た（日本ではこの事件を契機に核実験禁止運動が高まった）。またマグロの値段が被爆マグロとして暴落し、日米間で賠償交渉が行われたが、法的問題は不問に付され、米国から「遺憾の意」の表明と「好意による見舞金」（compensation *ex gratia*）の支払いがなされた。見舞金は直接損害を含め二〇〇万ドル（七億二〇〇〇万円）であったが、日本マグロ業界の要求額は合計二〇億円と言われた。なお、当然ながらマーシャル諸島民にも被害が出ている。

さて、北朝鮮によるミサイル発射実験の落下水域は、日本海であるが、いずれの地点も、周辺沿岸国、ロシア、北朝鮮、韓国、日本のいずれかの排他的経済水域か、重なり合う海域かであり、公海部分がない。これは北朝鮮による海洋自由の行使と言えるのか。

ミサイル発射時期も、落下地点も事前に発表されている節はない。船舶の交通安全上の考慮が払われている節も見えない。つまり、十分な予防措置がとられているとは思えない。そうした観点から、新聞記者たちは、落下地点が排他的経済水域外であるか否かを問題視し、記事を書いているものと思われる。域外であれば良いというものではなく、万一漁船や商船等に被害が生じる場合どのような措置がとられるのか、見守るしかないとはいえ、歯がゆいことである。

二　自衛権と国連安保理決議

なぜ、米国や日・韓は国連安保理決議違反を問い、北朝鮮は自衛権を主張するのか。

自国の防衛

国際社会において国家の安全や利益を維持し、保障することは当該国家に委ねられており、そのため各国は基本的には自国を防衛する軍隊を擁している。そして、各国家は、国際社会において自己の目標を定めて行動する。国家目標には、大まかに言って、自国の経済発展や軍事力の維持など他国を排し、自国の価値を維持増大させる目的のものと、協力的で相互利益の形成を目指すものとに区別される。

自衛権とは、通常、外国からの急迫不正な侵害を排除して自国を防衛するため、緊急の必要がある場合に、やむをえない限度で、本来ならば国際違法行為となる武力行使を、合法的に、なし得る権利であり、国内刑法の正当防衛に類するものと考えられている。そして、外国からの急迫不正な侵害としては、国連総会が一九七四年に採択した

「侵略の定義」決議に言う侵略行為を指す。

ところで、現在、北朝鮮は、朝鮮戦争の結果、韓国、米国とは休戦状態にあり、軍事的に対峙してはいるが、急迫不正な侵害があるとは思われず、北朝鮮の言う「自衛権」は、自国を守る権利、のことを指すものと思われ、自国の国防上軍備を強化する権利を主張しているものであろう。

北朝鮮の動き

伝統的には各国家には、その意味で、軍備自由の原則があると唱えられ、歴史的に知られるように、軍備拡張競争が見られた。しかし、第二次世界大戦後、国際社会は軍備縮小や軍備全廃、とくに核軍縮を目指して進み、多くの軍備規制の条約が結ばれ、軍備自由の原則は大きく修正され、軍備管理の世界となった。

北朝鮮の動きは、こうした国際社会の流れに棹《さお》さすものとなっている。現在の国連で国際社会の平和と安全に責任をもつ安全保障理事会は、北朝鮮の核実験やミサイル発射に対して累次に亘る決議を採択してきた（二〇一六年の安保理決議二二七〇号については同年の外務省告示第六七号に和約がある）。二〇二一年九月一五日の短距離弾道ミサイル発射の際には、安全保障理事会は非公開会合を開いたものの、安保理としての声明を出すには至らなかった。弾道ミサイルの発射は安保理の北朝鮮制裁決議で禁じられているものの、安保理としても手詰まり状態である。

第五話　中国軍用機　台湾の防空識別圏に進入
——防空識別圏と飛行情報区

記事

二〇二一年一〇月、「台湾国防部（国防省）は一日、西南域に設けた防空識別圏（ＡＤＩＺ）に中国軍用機延べ三八機が進入したと発表した」と報じられた（『朝日』二〇二一年一〇月一日朝刊）。『神戸』（朝刊）は、同一〇月六日「中国、台湾防空圏に連日進入」の見出しで、「中国軍の戦闘機などが連日台湾の防空識別圏に進入し、地域の緊張が高まっている。昨年の九月以降最多となる延べ五六機の中国中国軍機が進入し四日からは、日米英など六か国が南シナ海で合同訓練を実施。中国による異例の数の軍用機派遣は、「中国包囲網」とも言える動きに対する反発と、日米などと連携を強化する台湾の蔡英文政権への威嚇が目的と見られる」と、「台北、北京時事」を引いて報じ、さらに「海上自衛隊は五日、「自由で開かれたインド太平洋」の実現を目的に、米英、オランダ、カナダ、ニュージーランドの五か国と合同で、四〜九日の日程で南シナ海で訓練を実施中と発表。」「環球時報」(電子版)は四日の論説で、中国軍機の行動は「台湾だけでなく、「台湾当局の支持者たち」への警告でもあると指摘し、関係強化を図る日米などを強くけん制した」と報じた。なお、『神戸』は、読者の便宜のために、「台湾をめぐる構図」や「台湾海峡周辺を巡る主な動き」を図示し、また、『共同』を引き、「防空識別圏」の解説も付している。

一〇月二三日には、「バイデン氏台湾防衛「米は誓約」の見出しと小見出し「実際には義務なし　当局釈明」(『朝日』朝刊)、「バイデン氏「台湾防衛」の見出しに、小見出しで「政策逸脱し発言、当局が修正」(『神戸』朝刊)(『神戸』は、ワシントン、北京、台北共同を引いた記事)と報じられた。

■航行の自由と航空の自由

前述『神戸』の解説は、『共同』から採られ、「領空侵犯に備えるため、領空の外側に設けた空域。防衛上の必要性から国際的に採用されている。航空機が通報なく進入し、領空侵犯の恐れがあると判断されれば、戦闘機による緊急発進（スクランブル）の対象となる、としている。基本的にはそうであるが、陸海空の国際交通の国際協力の観点を示し、問題点を浮かび上がらせておこう。

航行の自由

人類は樹林の木から降り草原に出、次いで海辺に進出し、魚を取り、丸太をくりぬき、海上に出て魚を取るようになった。海上では常に山影の見える海上を移動した。海岸に人が立ち、水平線を見ると水平線は緩やかにまるい。ほぼ一二カイリ（おおよそ二二キロメートル）先である。

歴史を一五世紀まで下ってヨーロッパが大航海時代に入ると、スペインとポルトガルが地球を二分して領有することを宣言した。海の領有の始まりである。その後、遅れて登場したオランダが海の自由、航行の自由を主張し、グロチウスの「自由海論」として現れ、他方イギリスは自国沿岸からオランダ漁船を締め出すため、セルデンの「閉鎖海論」となり、やがて、沿岸に近い水域と広い海を区別し、近い海域は沿岸国の領海、広い大洋はいずれの国の所有にも服さない公海となった。こうして、いずれの国の船舶も公海上を自由に航行できる「航行の自由」が確立した。

領空

他方、空が国際法で問題とされるようになったのは、二〇世紀の初めに飛行機が発明され、空を飛ぶようになってからであり、初期には、空はいずれの国家にも領有されないという自由空説と、空は下の国、下土国に属するとする主権説が対立した。しかし、やがて第一次世界大戦における航空機の軍事的使用が決定的な契機となり、第一次世界大戦後の一九一九年のパリ国際航空条約は、各国がその領域上の空域において、完全かつ排他的な主権をもつことを承認した。

ところが、現代になっても、領空の上が、観念上、宇宙空間とされているが、何キロまでが領空かという高さは、定まっていない。もっとも、現在では上空を人工衛星などが自由に飛んでおり、少なくともその空間は領空と意識されておらず、これらのスペース機器が地球軌道に乗る高度を領空の限界と考えることができる。具体的には、海面から上空一〇〇キロである。公海や排他的経済水域はいずれの国家にも属さないので、その上空はいわば公空である。

シカゴ条約

外国船舶には国際交通の観点から領海の無害通航権が認められているのに対し、外国航空機は領空を自由に飛ぶことができない。しかし、飛行のたびごとに領域国の許可を取る不便を排し限定的ではあっても飛行を認める体制が必要である。この体制が一九一九年のパリ条約から後継の一九四四年の国際民間航空条約（シカゴ条約）に受け継がれ、シカゴ条約は国際民間航空に関する一般原則を定めるとともに、国際民間航空機関（ＩＣＡＯ）の組織・任務を定めている。

シカゴ条約は、無操縦者航空機を除き、すべての種類の航空機、ヘリコプター、飛行船などで、締約国の民間航空機のみを対象としている。軍用航空機など国の航空機は外国領域の上空飛行や着陸には特別協定その他の方法による許可と条件に従わなければならない。

民間航空機は、定期国際航空業務に従事しない限り、事前の許可を得ることなく、他の締約国の領域内への飛行、その領域の無着陸横断飛行、運輸以外の給油・整備等の目的での着陸の権利をもっている。もっとも、その国の着陸要求や空路指定には従わなければならない。

このように、シカゴ条約は不定期飛行と定期的国際航空業務とを分け、不定期飛行にのみ、飛行の自由を認め、国際商業航空の主たる形態である定期飛行は自由化されなかった。これについては国際航空業務通過協定と国際航空運送協定とが定めることとされ、定期的国際航空業務は、二国間の航空協定締結により初めて開かれることとなる。現在、各国の間には網の目のように航空協定が結ばれており、航空協定の締結交渉は、各国の利害が絡みしばしば難航するのが実情である。

領海と接続水域

ところで、沿岸国は、自国の領土・領海内における通関上、財政上、出入国管理上、衛生上の法令違反を防止し、その法令違反を処罰することのできる水域を接続水域として、領海基線から二四カイリまで設定することができる（国連海洋法条約三三条）。日本の場合、領海の幅は一二カイリであるので、領海の外側一二カイリまで設定できる。

外国軍艦を含むすべての船舶は、沿岸国の平和、秩序、安全を害しない限り、領海における無害通航権をもっている。しかし、武力による威嚇や武力の行使、兵器を用いる訓練や演習、沿岸国を害するような情報収集、航空機の発着または積み込み、重大かつ故意の汚染行為、漁獲行為や調査・測量活動、沿岸国の通信系その他の施設への妨害を目的とする行為等は無害とは見なされない。また、潜水船その他の水中航行機器は領海においては海面を航行しその旗を掲げなければならない。

中ロ艦隊の航行

中ロ両国の艦隊が二〇二一年一〇月一八日に津軽海峡を通過し、両国艦隊計一〇隻が太平洋を南下したことを防衛省が発表し、警戒を強めるとともに意図を分析している旨発表した（『神戸』）。また、同二三日に、防衛省は、津軽海峡を抜けた中ロ艦隊一〇隻が大隅海峡を通過したことを発表し、これを報じた『朝日』は、政府関係者が「日本に軍事的な圧力をかけているのは明らかだ」と指摘している、と報じ、隊列を組んで航行する写真も紙面を飾り、中ロ両国国防省の談話も報じ、中国国防省は「国際法を順守」と語った（二〇二一年一〇月二五日朝刊）。

日本は、領海法により、宗谷、津軽、対馬西水道（朝鮮海峡）、対馬東水道（対馬海峡）、大隅海峡は国際航行に利用される海峡として領海を三カイリにとどめる「特定海域」とし、中央部分に自由航行のできる公海を残している。従って、ロシアのウラジオストックを出た船舶が太平洋に出るためには、これらのいずれかの海峡を通過しなければばならないが、日本を半周もした今回の中ロ艦隊の航行に関して国際政治的なことは別として、国際法上の問題はない。なお、船舶の平均的な時速は一〇〜一六ノット（一ノットは一時間に一カイリの速度、一八〜二九キロメートル）である。

序《つい》でながらジェット旅客機は時速四五〇〜六五〇キロメートルで飛ぶと言われている。そこで、海洋に接する国は、不審な航空機が海洋から飛来した場合には、自国の安全のために軍用機を緊急発進させることになるが、その速度から広範囲な空域を確保しておく必要があり、そこに誕生したのが防空識別圏である。

防空識別圏

防空識別圏（ADIZ：Air Defence Identification Zone）は、一般に、海洋に面する国が自国の安全のために、領海に接する排他的経済水域・公海の上空に一定の空域を定め、その空域を飛行する航空機に飛行計画の提出と位置情報を要求し、その区域を飛行する航空機の識別および位置の確認を迅速、確実にしようとするものである。

こうしたものとしては、一九五〇年にアメリカが国内法で沿岸から一定の距離のすべての航空機の識別、位置選定および管制のために、当該航空機に対し、位置等の報告を義務付け、違反に罰則を設けたのが始まりである。その後、カナダ、フランス、アイスランド、イギリス、旧ソ連等が続いて設定した。

日本の場合、日本周辺を飛行する航空機の識別を容易にし、それによって領空侵犯に対処する措置の有効な実施に資することを目的としている。その範囲は防衛省の防空識別圏における飛行要領に関する訓令に基づいて定められている。なお、民間航空機については、国土交通省から飛行計画等の通報を受けることによって識別を行っている。

国際法上問題となるのは、自衛隊機が内部的に適用したり、他からの情報によってスクランブル発進を行う場合ではなく、領空を越えた排他的水域や公海上空で外国航空機に適用される場合である。排他的経済水域や公海上空では、すべての航空機が上空飛行の自由をもっているからである。

こうした防空識別圏の一方的設定の国際法上の根拠に関しては、接続水域の設定が沿岸国に認められている法理等の類推で、沿岸国の法益保護のため公海の自由（この場合上空飛行の自由）の制約が認められるとか、自衛権の法理とか、から説明されたりするが必ずしも明確ではない。しかし、現実には防空識別圏の設定は定着している。

■飛行情報区とは何か

飛行情報区（FIR：flight information region）は、飛行する航空機に対して、安全で効率よい飛行を確保するため、各国が責任をもって交通管制業務、飛行援助業務、航務業務を行う空域であり、ＩＣＡＯによって設定される。ＦＩＲは、領空と公海上空を含む空域で、領空主権への配慮というよりも、円滑な航空交通を考慮して設定されており、名称には国名を用いず、業務を担当する管制センターの名が付けられている。

日本の管轄する飛行情報区は、アメリカによる沖縄統治の名残から長らく東京飛行情報区と那覇飛行情報区であったが、二〇〇六年に統合され、福岡飛行情報区となった。日本を発着する航空機の多くは太平洋を渡るが、広い太平洋は日米で担当され、アメリカのアンカレッジ洋上ＦＩＲとオークランド洋上ＦＩＲおよび福岡ＦＩＲで担当している。

〈台湾の飛行情報区と防空識別圏〉

日本から東南アジアへ飛ぶ飛行機は、仁川、上海、台北、マニラ、の各ＦＩＲを通過する。

台湾の防空識別圏

ところで、台湾の防空識別圏とは何か。飛行情報区と異なり、防空識別圏は各国の安全保障の観点から設置されてきたことは前述のとおりである。問題は、したがって、台湾の国際法上の地位に係る。中華人民共和国からすれば台湾は「一つの中国」の一部であるので、自国内にあり、台湾の「防空識別圏」なるものはない、こととなる。実際にも、経験上、台湾等への中国本土の空港からの出国は国際線扱いではなく、国内線扱いである。

ではなぜ「台湾」の防空識別圏への「中国軍用機の進入」が問題とされるのか。それは、中華民国台湾が国連加盟国の若干の国により承認されているだけで国際社会に「国家』としては承認されていないにしても、中華人民共和国中国とは別の政治的実体として、総統を頂点に、独自の内閣、国会、裁判所をもって現実に存在しているから、としか言いようがない。

日本は、アメリカの台湾関係法のような国内法をもってはいないが、民間団体を相互に設立し、事実上外交その他の関係を維持しているからである（後述第七話参照）。

中台関係は、当事者間において、武力による解決ではなく、友好的に平和的な解決がなされることを希望する以外に方法はない。

第六話 米軍のアフガン撤退
——米軍のアフガン駐留の根拠

記事

アメリカのアフガニスタンからの撤退完了が一斉に報じられたのは二〇二一年八月三一日の各紙夕刊である。タリバンが首都を制圧してから二週間のことであった。

二〇〇一年九月一一日にアメリカで発生した、いわゆる同時多発テロ（9・11同時多発テロ）に端を発したこの戦争による米軍のアフガニスタン駐留を、各紙とも、米軍駐留二〇年を「最長の戦争」と捉え、これに幕がおろされた、と報じた。『読売』は、同日朝刊で、「犠牲者の大半は二〇代」と報じ、「9・11」生まれの「無言の帰国」を伝えていた。

■アメリカによる自衛権の援用

9・11米国旅客機四機がハイジャックされ、二機がニューヨークの世界貿易センタービルに突っ込み、一機がバージニア州の米国国防省ビル、他の一機がペンシルベニア州の野原に墜落した。いわゆる9・11の同時多発テロは、オサマ・ビンラディン（サウジアラビア人）が率いるアルカイダという組織によって引き起こされ、五〇〇〇人以上の犠牲者が生じた。

国連安保理事会は翌一二日これを強く非難した（安保理決議S/RES. 1368（2001））。

アメリカは、ビンラディンの引き渡しをアフガニスタン政府に拒否され、軍事行動を開始した。一〇月七日安保理事会に書簡を送り、先ず、アメリカに対して行われた武力攻撃に対して、他の諸国とともに、個別的・集団的自衛権を行使して行動を開始したことを国連憲章に従って報告（安保理文書S/2001/946）、続いて、この9・11の攻撃はアフガニスタンのタリバン政権によって支持されたアルカイダが中心となったこと、また、アメリカに対してなお継続中の脅威がアフガニスタンの一部をこの組織の作戦基地として使用することを認めるアフガニスタンの決定によって可能となったこと、さらに、アメリカ軍が更なる攻撃の防止・抑圧のために行動を開始したこと、を報告した。この行動の中には、アフガニスタンにおけるアルカイダのテロリスト訓練キャンプ、タリバン政府の軍事施設に対する措置が含まれていたが、要するにアメリカは国家がもつ自衛権を軍事行動の根拠として主張したのである。

安保理事会

これを受け、安保理事会は、一一月一四日、タリバンを強く非難し、新しい、暫定政権設立のアフガン国民の努力を強く支持することを表明した。

この間に国連を中心に協議が行われ、諸国はアフガニスタン各民族代表もドイツのボンに集まり、カルザイを大統領とする暫定政権樹立等のボン合意に達し、二〇〇一年一二月五日付で国連事務総長から安保理議長に報告され（安保理文書 S/2001/1154）、暫定政府が発足した。その後二〇〇四年一二月には選挙を経て正式に大統領に就任した。この間、二〇〇三年一〇月からは、日本の主導する形で、元兵士たちの、いわゆるＤＤＲ（Disarmament 武装解除、Demobilization 動員解除、Reintegration 社会復帰）が進められた。しかし、政府の統治は盤石とはならず、タリバンの勢力が浸透し、今回崩壊したのは後継のガニ政権である。

■自衛権とは何か

現代国際法では国家が武力を行使することは禁じられている。その武力行使の例外が自衛権に基づく場合であり、慣習法によって認められ、これを国連憲章では「国連加盟国に対して武力攻撃が発生した場合には」（この日本語訳は英語正文 if an armed attack occurs against a Member）によるが、仏語正文 dans le cas oú un Membre des Nations Unies est l' objet d' une agression armée から訳せば、「加盟国が武力侵略の対象となった場合には」となる）。

「侵略」については、従来から「武力攻撃」の内容とされてきたものを、一九七四年の第二九回国連総会が採択した「侵略の定義」第三条に七つの場合が例示されている。いずれも「国家の軍隊」が関連する場合である。

国家の軍隊による占領や併合あるいは他国領土に対する兵器の使用等で、最後の七番目のものは「上記の諸行為に相当する重大性を有する武力行為を他国に対して実行する武力集団、団体、不正規兵または傭兵の国家によるもしくは国家のための派遣、またはかかる行為に対する国家の実質的関与」とされている。「武力攻撃」は、単なる攻撃の脅威に対する「先制的」自衛が認められないという意味で、現実に発生していることが自衛権発動のためには必要であるが、攻撃による被害が発生する場合に限られるわけではない。一九三七年の米英間のカロライン号事件の外交交渉で米国国務長官ウェブスターが述べたように、「目前に差し迫った重大な自衛の必要があり、手段の選択の余裕がなく、熟慮の時間もなかったこと」が証明されれば、武力行使が自衛のためのものとして正当化される。

ところで、国際司法裁判所は、一九八六年ニカラグア事件判決で、「武力攻撃」とは、最も重大な形態の「武力行使」であり、他のより重大でない形態の武力行使と区別しなければならない、と判示した。

いずれにしろ、アルカイダはビンラディンを首謀者とするテロリスト集団であり、その行為によって大規模な惨事を引き起こしたとはいえ、アフガニスタン国家の行為ではない。人類は、武力闘争の惨禍を防ぐため、長い歴史を経て、私的な武装集団による武力の行使、私戦を禁止し、武力を国家に独占させ、戦争を国家間のものに限ってきた。またハイジャックされた民間航空機は軍用機でもなく、兵器ではない。

ではなぜ自衛権なのか。アフガニスタンが作戦基地としてアルカイダに領域使用を許し、首謀者ビンラディンの引き渡しを拒否したことが、前述侵略の定義七番目に例示する「かかる行為に対する国家の実質的関与」と見なされたのであろうか。しかし、同時多発テロ行為はすでに完了していた。終了した行為に対する対抗措置は自衛や正当防衛ではなく、報復や復仇である。米国は、更なる攻撃の防止・抑圧のために行動を開始したこと、を報告していた。

今またアフガニスタンではタリバン政権が登場した。タリバンの統治の実効性が問われている。

第七話　アフガニスタン政権の承認

記事

アフガニスタンに関する記事は枚挙に遑《いとま》がないほど多数ある。同地における人道危機が叫ばれるようになって開催された二〇ヵ国・地域の緊急首脳会議で「G20首脳アフガン人道支援で連携」の記事が二〇二一年一〇月一三日に出た（たとえば、「ローマ共同」電を引く『神戸』（夕刊））。「アフガンへの直接的な人道支援、女性や少数民族を含む全てのアフガン人の人権促進に向けて連携した取り組みを確認した。イスラム主義組織タリバンが実権を掌握したアフガンでのテロ対策、出国を望む外国人やアフガン人の安全な経路確保の重要性も協議した」と報じ、また、「G20議長国イタリアのドラギ首相は、……終了後の記者会見では、アフガンで女性や少数民族の権利侵害が続く現状ではタリバンの政権承認について議論するのは時期尚早だと述べた。暫定政権の閣僚に女性を登用しないことを批判、人権促進を行動で示すよう訴えた。タリバンとの協議については、人道危機に対応するため必要としつつも、「承認を意味しない」とくぎを刺した。」と報じた。なお、会議はオンラインで行われ、米国大統領や日本の首相たちが首脳として参加したが、中国国家主席、ロシア大統領は出席を見送った。日本は年内に二億ドル（約二二七億円）、EUは一〇億ユーロ（約一三〇〇億円）の支援を決めた。

■政権の承認とは何か

「はじめに――新聞を読むときに」で触れたように、「承認」とは国家が単独で、一方的に行う行為であり、本記事で言う「政権の承認」というのは、国際法で言う「政府承認」のことである。

政府承認というのは、既存国家のなかで政府が変更した場合に、その変更が同国の憲法等で定める手続を経た変更ではなく、革命やクーデターのような定めのない非合法な方法での変更であれば、同国を代表するのは誰か、という観点から、他国政府がお付き合いの相手方として選ぶことである。伝統的には、新政府が当該国家の領域と人民を実効的に支配しておれば、おおむね承認されてきた。これを国際法上の制度として「政府承認」と呼ぶ。

通常は、相手方を選ぶわけであるから、後に触れるように、政治的イデオロギーによって左右されることがある。

形式の面から捉えれば、通常は「明示的」になされる。日本の場合、日本政府から相手国政府に対して「承認する」という文言を入れた文書で承認するが、「黙示的」承認もあり、相手国大使を受け入れるとか、政治的な合意を相手方と取り結ぶなどで行われる。日本のケースには、相手国の国連加盟に賛成票を投じることによって黙示的承認とした例がある。

行為の性質は、基本的には、一方的行為であり、相手側の了解は不要である。やや特異な例ではあるが、日本は、北緯一七度線で分断されたベトナムについて、いわゆる南ベトナムに戦後賠償を行い、南北間で戦われたベトナム戦争の間はサイゴン（現ホーチミン市）に大使館を置いてきた。一九七三年一月にパリ和平協定が結ばれ、日本は、同年九月ハノイの北ベトナムとの間で外交関係開設の交換公文を交わすことによって黙示的に北ベトナムを承認し、北ベトナムに対し、南ベトナムに支払った賠償額と同額のODAを提供した（芹田『著作集』第10巻「4フランスおよび旧仏領インドシナ諸国（ラオス、カンボジア、ベトナム）の戦後処理」参照）。七五年四月に南のサイゴンが陥落。紆余曲折を経て、七六年七月南北ベトナムの統一が実現した。日本側からすれば、統一された新国家の誕生であるので、新国家の承認が必要と思われたが、ハノイに首都を置くべトナム側の意向も考慮され、引き続き友好関係を結んでいくとの祝電を送り、これによって日本としての黙示承認としたようである。

■政府承認制度の変遷から見る課題

承認政策論

伝統的には、新政府が当該国家の領域と人民を実効的に支配していれば、概ね承認されてきた、と先に述べた。これは事実主義といわれる考え方である。しかし、アメリカに例をとると、アメリカで南北戦争が終わると、アメリカは膨張政策に移り、メキシコへの干渉、中米・カリブ海諸国への影響力行使を始め、一八七六年にクーデターによって政権に就いたメキシコのディアス政府を正式承認したが、その際に、人民による支持と國際義務遂行能力を明確に条件とした。不承認政策の例としては、ヨーロッパでは、フランス革命後に続発した革命政府の承認を拒絶した神聖同盟諸国の正統主義が挙げられる。日本に係るものとしては、満州国の不承認を訴えたアメリカのスティムソン・ドクトリンがある（芹田『著作集』第11巻『新国家と国際社会』参照）。

承認するか否かの基底には、付き合いたいか否かの各国の政策がある。しかし、各国政府のそうした承認政策論にのみ心を奪われてはならない。

最近のアフガニスタン政府の承認に関する動きには、承認することによってアフガニスタン政府の政策や政権奪取の方法を是認することになるのではないかという印象を与えかねないという懸念のほか、善し悪しは別として、欧米諸国が新政権に対して国際社会の名によって人権や民主主義の遵守を求めていると思われることである。

一九世紀に中南米諸国が独立すると英仏等はこれらの諸国に影響力を及ぼすため承認

に鎬（しのぎ）を削り、新独立国は大国の思惑に踊らされた。こうした承認を受ける側の立場に立ってメキシコは、一九三〇年に外務大臣エストラーダが新政府の承認と外交官との接触の問題とを切り離し、外交関係を維持するか否かの判断だけを行うとした（エストラーダ・ドクトリンと呼ばれた）。

こうした動きは世紀を越え、二〇世紀半ばになって欧州でも取られるようになり、とくにカンボジア内戦が長引き、旧政府にも新政府にも道義上の問題があり、英国政府は承認政策を変更し、どちらの政府の承認の問題も回避し、適宜外交関係の各段階での接触を図る政策に転換した（詳しくは、国際法事例研究会『国交再開・政府承認』参照）。

承認の回避または廃棄

こうした承認の回避または廃棄が世界の流れとなり、日本も承認をしないこととしたようである。ただ一九六五年にマルコスが大統領となったフィリピンで強権政治が行われ、一九八三年に米国に亡命していた政敵のベニグノ・アキノが米国から帰国したマニラ空港で暗殺され、一九八六年の大統領選挙にマルコスとともにベニグノ夫人コラソン・アキノも立候補し、ともに勝利を宣言したが、マルコス陣営の得票不正操作が明らかになり、当時の国防大臣やラモス参謀長ら国軍改革派が決起し、一〇〇万人ともいわれる市民が大統領宮殿に押しかけ、マルコスはハワイに亡命した。民衆革命とも言われた。こうして成立したアキノ政権を米国は承認し、日本も承認した。当時、これら両国の承認は、米国が軍事的に支え、日本が経済的に支えることを表明したものと評された。

さて、現代国際法は、植民地から独立した諸国にはほぼ自動的に承認を与える慣行を支持した。それは、これらが民族自決権に基づくものであったからである。言い換えれば、人民の支持に基づかないものは承認されない。しかし、現在でも行われている、民族自決の名のもとに多くの血が流される闘争は、どのように説明できるのであろうか。いずれかの民族が優位する形態ではなく、いずれの人も一人ひとりが個人として尊重される現代社会に見られるように、それぞれの民族が対等な、緩やかな連合体が模索される方向はないものであろうか。

■国際機関代表権

国際連合を始め国際機関で代表権をもつのは、当然のこととして、政府承認されている政府から派遣された国家代表である。国連の場合、国連加盟国に新旧二つの政府がある場合に、どちらの政府から派遣された代表が当該国家を代表する権利（代表権）をもつのかを決めるのは国連総会である。総会手続規則（A/520/Rev 17）によれば、国連総会で選出された九人からなる信任状委員会が各国代表団から提出された信任状を審査し、総会で決定する。

二〇二一年二月ミャンマーで国軍がクーデターを起こし、アウンサンスーチー政権に任命され、クーデターを非難する自国の国連大使を国軍は解任し、新たな大使を任命した。どちらの大使が国連でミャンマーを代表するのか。

国連代表権問題のもっとも著名な例は、中国代表権問題である。国連憲章では、中国は蔣介石率いる中華民国として原加盟国であり、安全保障理事会では「中華民国」と明記された常任理事国である。ところが、中国大陸に一九四九年一〇月一日毛沢東率いる中華人民共和国が建国され、中華民国政府は台湾に移動した。国連ではどちらの政府が中国を代表するのかで加盟国の意見が分かれ、最終的に、一九七一年一〇月二五日総会決議（A/RES/2758（XXVI））によって決定され、台湾に拠る中華民国政府は追放され

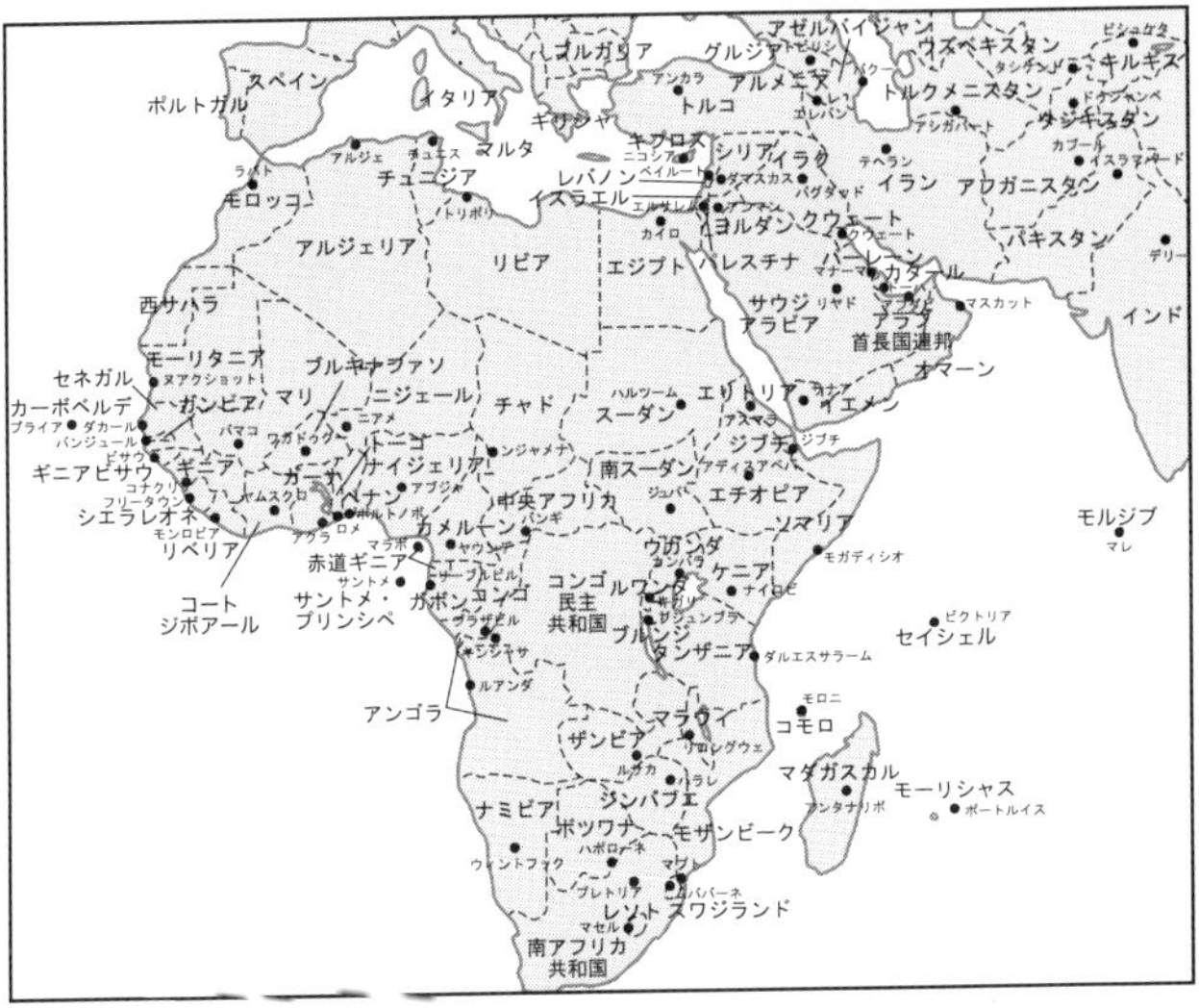

た。なお、総会の決定は国連の他の機関でも守られることが第五回総会で決定されている（A／RES／196（V））。

　ところで、日本は一九七二年の日中共同声明によって「中華人民共和国政府が中国の唯一の合法政府であることを承認」し、中華人民共和国は「台湾が中華人民共和国の一部であることを重ねて表明し」、日本は「中華人民共和国の立場を十分理解し、尊重し、ポツダム宣言第八項に基づく立場を堅持する」とした。これにより台湾との外交関係はなくなったが、経済関係等を維持するため、大使館や領事館に替え、互いに日本台湾交流協会、台湾日本関係協会という民間団体を設立し、現在に至っている。アメリカは、一九七九年に中華人民共和国政府を承認したので、中華民国（台湾）政府との関係を維持するために台湾関係法を制定した。事実上の軍事同盟といえよう。なお、台湾は、面積的には九州とほぼ同じであり、欧州の諸国ではオランダよりはやや小さい。人口的には二三五〇万人余なので、オランダより多く、オーストリアとほぼ同じである。

なお、分断国家である朝鮮民主主義人民共和国（北朝鮮）と大韓民国（韓国）は双方ともに国家として国連に加入している。日本は北朝鮮を国家として承認していないが、国連加盟国同士としての関係はある。

第八話　イスラエル・UAE国交正常化一年

記事

「イスラエルとバーレンが昨年九月、米ホワイトハウスで国交樹立に合意する文書に署名してから一五日で一年となった。医療分野などで協力が進む一方、パレスチナ問題の解決は棚上げとなったままで、いまだ反発の声は根強い」(『朝日』二〇二一年九月一六日)、とドバイ発で報じられ、さらに、「イスラエルは、一九四八年の建国時アラブ諸国と対立し、中東で国交があるのはエジプトとヨルダンだけだった」と報じ、また、「昨夏からUAEを皮切りにバーレン、スーダン、モロッコ、がイスラエルとの関係正常化に踏み切った。『歴史的』とされた和平だが、当時、米大統領選を控えていたトランプ大統領によって強引に進められた側面もある。その性急さへの反発が各地で相次いでいる」と報じられた。

■中東史概観――問題点

なぜイスラエルとアラブはイスラエル建国以来対立しているのか。なぜ、これまで国交をもっていたのがエジプトとヨルダンのみだったのか、ここから話を始めたい。

一　前　史

ユダヤ人迫害

歴史的に何時から始めるのが良いのか判断は分かれるが、この地域を支配していたオスマン帝国からの独立を図るアラブ人たちの動きとユダヤ人迫害のことから始めよう。

ナイル川の流れるエジプトからチグリス・ユーフラテス両河の流れるメソポタニアまでの地域は「肥沃な三ケ月形」(Fertile Crescent)と呼ばれたが、この地域にユダヤ人が独立国家をもったことはほとんどなく、前一世紀にはパレスチナ地方はローマの支配下に入り、ユダヤ人たちは流浪の民族となった。

その後、歴史を下って一三世紀に、小アジアにオスマン帝国が生まれ一六世紀には、地中海沿岸を支配し、オーストリアのウィーンを包囲するまでに至ったが、一九世紀になるとバルカン半島の諸民族が独立し、またヨーロッパ諸国は産業革命によって力を蓄えた。

この間、しかし、ヨーロッパでは、たとえばシェークピアの「ベニスの商人」で知られるように、ユダヤ人は各国に存在し、また、一九世紀末、普仏戦争終了後のドレフュス事件において、『居酒屋』『ナナ』等で知られるフランスの文豪ゾラが、陸軍参謀部付きのユダヤ人大尉ドレフュスが陸軍機密文書をドイツ側に漏洩した件で逮捕された折、「我糾弾す（J'accuse）」として擁護に回ったことで知られるように、ドレフュス事件は、ユダヤ人に対する差別があることを明らかにした。

この事件を取材していたヘルツエル記者はユダヤ人がエルサレムのシオンに戻るシオニズム運動を起こし、一八九七年にバーゼルで第一回シオニスト会議が開かれた。

ユダヤ人差別の極端が二〇世紀のナチスによるユダヤ人大虐殺であった（パントマイム役者、マルセル・マルソーのユダヤ人孤児を救う運動を描いた二〇二一年公開の映画「沈黙のレジスタンス」を見よ。この映画には、フランス・リオンにおけるユダヤ人虐殺の責任者で、戦後一九七三年になって逃亡先のボリビアから引き渡され、フランスでの、いわゆるバルビー裁判で終身禁固刑を宣告された元ドイツ親衛隊大尉バルビーも登場する）（なお、ユダヤ人迫害の時代を背景に、『菊と刀』の著者ルース・ベネディクトが書いた『人種主義その批判的考察』（筒井清忠ほか訳、名古屋大学出版会、一九九七）をも参照せよ）。

二　第一次世界大戦

アラビアのロレンス

ところで、オスマン帝国は第一次世界大戦では同盟国側で参戦したが、アラブ人たちの反乱に手を焼き、これに英仏がアラブ側で介入し（たとえばオスマントルコからのアラブ人の独立戦争を描いた映画「アラビァのロレンス」を見よ）、パレスチナの地域には一部独立も認められたが、ベルサイユ条約で設けられた国際連盟の委任統治制度が適用された。英仏の委任統治は、その各自の勢力圏をもはや植民地にすることは許されなかったが、実質において植民地と変わらなかった（日本は敗戦国ドイツの北太平洋の植民地を委任統治領とした）。

この間の外交的駆け引きが今に至る混乱を引き起こすことになる。イギリスは、まず、一九一五年フサイン＝マクマホン協定で、アラブ地域の独立とアラブ人のパレスチナ居住を認め、続いて、翌一六年五月一六日の英仏間のサイクス＝ピコ協定で、オスマン帝国の英・仏・露による勢力分割を定め、さらに、イギリスの外務大臣バルフォアは、イギリスのユダヤ人貴族議員であるロスチャイルド卿に書簡を送り、パレスチナにおけるユダヤ人の「ナショナル・ホーム」の建設に賛意を表明し、支援を約束した。いわゆる英国の三枚舌《さんまいじた》外交と言われるものである。

三　国連の分割決議と中東戦争

第一次中東戦争

第二次世界大戦が終わり、国際連合が活動を始めると、イギリスは自国が蒔《ま》いた種の収拾ができなくなり、国連に下駄《げた》を預け、国連は一九四七年第二回総会決議一八一号（米仏等賛成三三票、サウジアラビア、エジプト等反対一三票、イギリス、エチオピア等棄権一〇票、欠席一（タイ））によってパレスチナの委任統治の終了、分割と独立を宣言した。そして、イギリスの委任統治の最終日である一九四八年五月一四日にイスラエルの独立が宣言された。そして、この日、アラブ連盟の五ヵ国、レバノン、シリア、トランスヨルダン（現ヨルダン）、イラク、エジプトが戦争を宣言し、いわゆる第一次中東戦争が勃発した。

一九五六年、エジプトはアスワン・ハイ・ダム建設資金を得るため、スエズ運河会社の国有化を宣言し、大株主であるイギリス、フランスは、イスラエルを支援し、スエズ運河の奪還を画策し、スエズ危機、第二次中東戦争となった。

国連では米ソがともに、「平和のための結集」決議に基づき特別緊急総会が招集され、一一月二日に即時停戦を求める決議が採択され、八日には全軍の停戦が実現し、その後、休戦ラインのエジプト側に国連緊急軍（UNEF）が展開した。

第三次中東戦争

一九六七年六月五日、エジプトはイスラエルから紅海への出口にあるアカバ湾を封鎖。イスラエルのそれへの反撃としていわゆる六日戦争（第三次中東戦争）が勃発。この戦争でイスラエルは全エルサレムを支配下に置いた。

一九七三年には、第三次中東戦争でイスラエルに占領された領土の奪回を目的にエジプト・シリア両軍が一〇月六日、それぞれスエズ運河、ゴラン高原に展開するイスラエル軍を奇襲（第四次中東戦争）。米ソはそれぞれを支援し、アラブ諸国、ＰＬＯも参戦。国連安保理が介入し同二二日の停戦決議（S/RES/338（1973））によって停戦した。なお、ＰＬＯ（パレスチナ解放機構）は一九六四年一月に開かれたアラブ連盟首脳会議で設立されていた。

四　イスラエルとエジプト、ヨルダンとの平和条約

一九七八年秋、当時の米国大統領カーターは、エジプト大統領サダトとイスラエル首相ベギンを大統領山荘に招き、キャンプ・デービッド合意に漕ぎつけ、翌七九年三月二六日エジプト・イスラエル平和条約が成立した（サダト大統領は反対団体によって暗殺された）。

イスラエルとヨルダンの外交関係は、一九九一年の湾岸戦争後に変化を見せ、一九九二年にイスラエルで労働党が政権に就き、九三年八月にＰＬＯとイスラエルの間にオスロ合意が成立し、ＰＬＯとイスラエルの相互承認、ヨルダン西岸とガザ地区におけるパ

レスチナ人の暫定自治が定められた。九四年七月二六日クリントン米国大統領の立会いの下、ヨルダンとイスラエルはワシントン宣言に調印し、同年一〇月二六日に両国間の平和条約が成立した。

こういう次第で、平和条約はエジプトとヨルダンの間にしか存在しなかった。

なお、一神教であるユダヤ教、キリスト教、イスラム教はいずれもエルサレムを聖地とし、旧約聖書を認める。キリスト教は新約聖書を、イスラム教はコーランを重視する（コーランの日本語訳につき、岩波文庫『コーラン』（上）（中）（下））。シオニズムのシオンは次の旧約聖書ゼカリア書八－三（『聖書』（和英対照　和文 新共同訳）（日本聖書協会））の言葉から来ていると思われる。

「主はこう言われる。
　わたしは再びシオンに来て
エルサレムの真ん中に住まう。」

第九話　エルサレム（東エルサレム）

記事

「東エルサレム　追われるパレスチナ人」の大見出しに、「ユダヤ人団体　立ち退き求める裁判」の中見出し、そして、小見出し「家の取り壊し命令も相次ぐ」と報じたのは『朝日』（二〇二一年九月一八日）である。記事のリード部分は次のようである。

「イスラエルの占領下にある東エルサレムで、長く暮らしてきたパレスチナ人が立ち退きを求められている。SNSでの訴えや最高裁の裁判が今年、注目を集め、五月にはパレスチナ自治区ガザ地区での武装勢力とイスラエル軍の軍事衝突が起きるきっかけにもなった。停戦した今も、法廷で論争が続いている。」

なぜこうした問題が起こるのかを問い、「（イスラエル建国）の際に七〇万人以上のパレスチナ人が土地を追われ、難民となった。東エルサレムはヨルダン領となり、五〇年代にヨルダンと国連が土地を追われたパレスチナ人……を移住させた。移住先の一部はイスラエル建国前にユダヤ人が住んでいた場所だ。イスラエルは、……第三次中東戦争で中東諸国に勝利すると東エルサレムを占領し、一方的に併合。後の立ち退き問題につながった。七〇年代以降、ユダヤ人が土地の所有権を主張し、パレスチナ人の立ち退きを求めて裁判を起こし始めた。現在まで複数の法廷論争が続き、ユダヤ人による入植も進んでいる。」記事は続ける。「国際社会では、占領地でのユダヤ人による入植活動を国際法違反だと指摘する。だが、……イスラエルの裁判所が判断の根拠とするイスラエルの法律では、建国前に所有していた土地にユダヤ人が戻る権利が認められているからだ。ただ、パレスチナ人には同様の権利を認めていない。」

■エルサレムの法的地位

第八話でイスラエル建国に至る歴史に触れ、その際に委任統治制度にも触れたが、詳細は語らなかった。委任統治制度は、第一次世界大戦の結果「従前支配したる国の統治を離れたる植民地及領土にして近代世界の激甚なる生存競争の下に未だ自律し得ざる人民の居住するものに対しては、該人民の福祉及発達を計るは、文明の神聖なる使命」なることを理由として国際連盟規約第二二条に定められたが、成立の経緯を見れば、勢力下においたこの地域を植民地としたい英仏と自決権を主張する米国との妥協によるものであって、事実上の植民地であり、A式、B式、C式に分けられた（田岡良一『委任統治の本質』（有斐閣、一九四一）参照）。トルコの統治下にあった、いわゆる肥沃な三ケ月地帯は、A式とされ、メソポタミアは一九三二年にイラク王国として独立。トランスヨルダン、パレスチナはイギリスが、シリア、レバノンはフランスが受任国となった。

さて、パレスチナについては、イギリスの、いわゆる三枚舌外交については第八話で述べたとおりであり、結局、国連におけるパレスチナ分割決議となった。

パレスチナ問題アド・ホック委員会報告書に関して採択された決議（A/RES/181(II)）、いわゆるパレスチナ分割決議によると、先ず、パレスチナの委任統治の終了と独立が定められ、パレスチナには大きなアラブ人国家、小さなユダヤ人国家が設けられ、エルサレム市は特別な国際制度の下に置かれるコルプス・セパラートゥム（corpus separatum）とされた。その目的は、一神教のキリスト教、ユダヤ教、イスラム教の聖地として精神的、宗教的利益が保護保全されること、とされた。

三宗教にとって聖地とされるエルサレムは、ユダヤ教にとっては、エルサレム神殿の外壁と言われる一部に「嘆きの壁」があり、キリストが処刑されたゴルゴダの丘の跡と言われる場所に聖墳墓教会が建ち、イスラム教にとっては、ムハンマドがそこから天に上って帰ってメッカに行ったと言われる旧約聖書の「聖なる岩」、「岩のドーム」がある。また、キリスト教にとっては、キリストが十字架を担いで歩いた十字架の道が信徒や観光客を集めている。この道は、京都の清水寺につながる石段の三年坂（産寧坂）を思わせる狭い登り坂で、両側で人々が見送ったとされる。こうした施設等を含めて特別保護下にある。

前述のとおり、一九四八年五月一四日、イギリスの委任統治終了の日にイスラエルは独立宣言をし、これに反対のアラブ諸国が攻め込み、第一次中東戦争が勃発した。そして、これも前述した一九六三年の第三次中東戦争によりイスラエルはエルサレム全市を占領してしまった。

さて、伝統的な戦争法規を法典化した一九〇七年の陸戦の法規慣例に関する条約付属書の「規則」は、第三款「敵国の領土における軍の権力」について定め、第四三条では占領地の法令の尊重を定め、第四六条で私権の尊重を定めている。記事が報じているのは、ユダヤ人とアラブ人の民間人同士の争いではあるが、イスラエル軍や警察をバックにした、国の進める入植政策に基づいて行われる入植活動の結果であるだけに看過できない。

なお、委任統治の制度は国際連盟が創設した国際制度であり、これを国際連合が終了させることができるのか。パレスチナの場合、受任国イギリスの要請があり、国連憲章第一〇条の一般的な勧告権限をもっている総会が決議したという点に根拠を求めることができる。異なった文脈ではあるが、同じく国際連盟の下で南西アフリカ（後に改称してナミビア）の受任国となった南アフリカがナミビアに居座り続けたのに対し、国際司法裁判所が下した南西アフリカ事件の一九六二年判決と一九六六年判決および国連安保理が勧告的意見を求めた一九七一年の勧告的意見をも参照することを勧めたい（とりあえず、田畑茂二郎ほか編集代表『判例国際法』（東信堂、二〇〇〇初版））。

第一〇話　EUと難民

記事

中東・アフリカから欧州を目指す難民・移民の主なルートは南の地中海かエーゲ海であったが、突然ポーランド、ベラルーシ国境に大勢の移民・難民が現れたのは二〇二一年八月頃からである。一一月二三日朝日新聞は、一面トップで「越境阻まれ森で二〇日間　ベラルーシ国境臨時避難所に二〇〇〇人」と報じた。さらに、二面で「突然の越境者　国境緊張」と続け、「ポーランド支援に動く住民も」「『最も簡単』SNSで拡散」の見出しも（これには、「七月末から八月初めに、ベラルーシ政府がイラクやトルコなどの旅行会社に『帰国の保障がなくてもビザを発給する』と通知した」と、イラクのクルド人自治区にある旅行会社の社員は話す」とする内容記事が続いている）。また、

「EU揺さぶるベラルーシ」の見出しから、「EUはベラルーシがわざと送り込んだと非難している」との解説記事まである。

なお、朝日新聞は、一二月一日、「ベラルーシ　人命軽視の暴挙を憂う」とする社説を載せ、「安全な地で子どもを育てたい。安定した暮らしを築きたい。そんな切なる願いを抱く移民や難民を危険にさらす言語道断の振るまいである」とはじめ、「責任はひとえにベラルーシにあるとはいえ」「ここはポーランドに自制を求めるとともに、ドイツやフランスなどの主要国に積極的な介入を望みたい。罪のない多くの移民・難民の命がかかわる人道の問題として対処してほしい」と結んでいる。神戸新聞は、一二月三日、「ベラルーシの責任は重い」と題し、「凍土の難民危機」として、「東欧の国ベラルーシはこの時期、日中でも気温が氷点下の厳しい冷え込みとなる」とはじめて、「この人道危機を打開するには、ベラルーシが難民支援に力を尽くし、国連機関や非政府組織（NGO）などと連携をすべきである」とし、「凍土に取り残された人たちを助けたい」とする社説を掲げた。

■出入国の一般原則

出入国については、国際法上、当該国が決めることができる。出国禁止は、自由権規約第一二条からも分かるように、納税義務不履行者とか敵国の軍隊への参加希望者とかの場合を除き、原則としてできない。この記事は、政情不安な国からの渡航の場合には、滞在に必要な収入証明などが必要な場合が多いことを踏まえたものであるが、私が一九六九年にパリに留学したときには、日本が政情不安ということではなかったが、収入証明を要求された。要するに、滞在国は、通常、自国に負担が掛からないように措置する政策をとる。今日でも、自国の負担になる者を退去強制処分にするのもそうした理由からである（日本の退去強制一般については、出入国管理・難民認定法参照）。

■難民の定義

難民は英語で refugee と言われる。この語が日本で「難民」という訳語として定着したのは、日本が一九五一年の難民の地位に関する条約（五四年発効）と、一九六七年には発効していた難民議定書とに一九八二年に当事国となって以来である。それまでは、亡命者とか避難民とか訳されていた。英語のasylumが「亡命」にあたり、refugeは「避難」(たとえば航行中の船舶が嵐等を避ける避難港port of refuge)があたる。人となるとasylee(亡命者)、refugee(避難民つまり難民)となる。世界人権宣言第一四条は「何人も迫害からのasaylumを他国において求め(seek)、かつ、受ける(enjoy)ことができる」と定めるが、asylumの訳語は種々あり、「保護」「避難」「庇護」など、区々である。私は「庇護」としている(芹田『著作集』第4巻『犯人引渡と庇護権の展開』参照)。

日本は島国であり、第二世界大戦前を別として、戦後は、朝鮮戦争の再発で韓国人が難民として日本に大挙押し寄せてくるのではないかという懸念以外に、ほとんど難民問題に関心はなかったと言っても過言ではない。始まりはボートピープルであったと言ってもよいであろう。

一九七五年四月三〇日に南ベトナム・サイゴンが陥落し、南ベトナム政府は崩壊した(南北ベトナムの統一については、芹田『著作集』第11巻参照)。そして、南ベトナムから脱出する人たちが出始め、ボートで海に出た人たちのうち洋上で漂っているところを航行中の米国船に助けられ、同船が千葉港に入港したことによって日本に到着したのが最初と言われる。その後、長崎等にも到着するようになる。こうして日本も、アセアン諸国やオーストラリア等と並んで、この事態に対処することとなった。一時的滞在許可からインドシナ難民枠の設定にまで及んだ。

日本は、前述のように、一九八二年に難民条約と難民議定書の双方の当事国となった。難民議定書は難民条約第一条が定める時間的制約や地理的制約、すなわち、難民条約第一条の「一九五一年一月一日前に欧州において生じた事件の結果として」、あるいは、「一九五一年一月一日前に欧州または他の地域において生じた事件の結果として」、の文言を取り払うこととしたので、日本にはこうした制約は一切なく難民条約が適用される。その意味では、難民条約の適用される「難民」の定義は次のようになる。

「難民」とは、「人種、宗教、国籍もしくは特定の社会的集団の構成員であること、又は、政治的意見を理由に迫害を受けるおそれがあるという十分に理由のある恐怖を有するために、国籍国の外にある者であって、その国籍国の保護を受けることができないもの又はそのような恐怖を有するために国籍国の保護を受けることを望まないもの及びこれらの事件の結果常居所を有していた国の外にいる無国籍者であって、当該常居所国を有していた国に帰ることができないもの又はそのような恐怖を有するために当該常居所を有していた国に帰ることを望まないもの」のことである。

■難民であることの挙証責任

難民であることの立証責任（挙証責任）は、通常、難民申請する者にある、とされる。しかし、難民申請をせざるを得ないような過酷な状況下に置かれた者には十分な情報を集めることは難しく、「十分に理由のある恐怖」（well founded fear）を立証できるとは思えない。むしろ、滞在を認めたくない国の行政側の方が多くの情報を集めることができるのであって、挙証責任を転換し、十分な根拠がないことを国に立証させるべきではないであろうか。

「疑わしきは申請者に有利に」判断されることこそ、難民条約の趣旨に副うこととなる、というべきである。

第一一話　まぐろ、サンマの漁獲と漁業条約

記事

二〇二一年七月三〇日、中西部太平洋まぐろ類委員会（ＷＣＰＦＣ）と全米熱帯まぐろ類委員会（ＩＡＴＴＣ）との合同作業部会が二七－二九日オンラインで開催され、日・韓・米など六ヵ国・地域が参加し、二〇二二年の大型漁（三〇キロ以上）の漁獲枠を二一年比で一律一五％増やすことで合意。正式決定にはＷＣＰＦＣ北小委員会や年次会合であらためて合意の必要がある旨、報じられた（『朝日』）。

■漁業の国際枠組み

第三回国連海洋法会議で一九八二年に採択された国連海洋法条約は海の憲法とも称さ

れ、海に関わる問題を包括的に取り扱っている。海は、基線から一二カイリ領海とその外側に基線から二〇〇カイリ排他的経済水域とすべての国に開放されている公海とからなっている。

領海での漁業は沿岸国のみに限定され、排他的経済水域では、沿岸国は、海底の上部水域・海底（その下を含む）の天然資源（生物資源であるか非生物資源であるかを問わない）の探査、開発、保存、管理のため等の主権的権利をもっている（同条約五六条）。そして、沿岸国は生物資源の漁獲可能量を決定でき（同六一条）、生物資源の最適利用を目指して、自国の漁獲能力を決定し、すべてを漁獲することができない場合の余剰分について、さまざまな関連要因を考慮の上、他の国による漁獲を認めるものとしている（六二条）。

公海漁業については、公海における生物資源保存のための諸条件が課されてはいるが、すべての国の自由が保障されている（一一六条）。ただし、排他的経済水域間や排他的水域と公海の境界を跨《また》ぐ（straddle）ストラドリング魚類資源（Straddling fish stocks、タラ、スケトウダラ、イカ、カレイ等）や高度回遊性魚類資源（Highly migratory species、日本人の好きなクロマグロ（ホンマグロ）等）については、別途、その保存および管理のため、海洋法条約規定の実施のための協定として、国連公海漁業協定が定められた。

サケ、マスのように産卵のために川を遡るもの（六六条　遡河性資源 anadromous stocks）、ウナギのように産卵のため川を降るもの（六七条　降河性の種 catadromous species）がある。遡河性魚種の保存・管理には、遡る川の国、母川国が適していることから母川国主義が採られている。

今年（二〇二一年）の秋サケの定置網漁がひどい不漁だという。北海道・石狩地方では、産卵に戻ってくるサケのことを「秋味」というそうで、石狩鍋や塩焼きにして楽しむようである。神戸新聞のコラム『正平調』（二〇二一年一一月一六日）は、中勘助の詩「塩鮭」から、「『ああこよひ我は富たり／五勺《しゃく》の酒あり／塩鮭は皿のうへに高き薫りをあげ……』。病に苦しみ、一切れのサケも食べられなかったことを思い出せば泣けてくる、と詩は結ばれる。／いま、温暖化という重い病に地球が苦しんでいる。『富たり』

の海を取り戻すために一刻の猶予もない」と結んでいる。
まぐろは広い海洋を泳ぎ回る高度回遊性の種（六四条）である。

ところで、日本は日本の排他的経済水域と隣接する諸国、韓国との間に日韓漁業協定、中国との間に日中漁業協定、ロシアとの間に日ロ漁業協定、旧ソ連との間に日ソ地先沖合漁業協定、日ソ漁業協力協定、北方四島周辺漁業枠組協定という二国間漁業条約を締結し、互いの排他的経済水域での漁業について取り決めている。

■日本の漁業協定

日ソ地先沖合漁業協定は、サンマ、イカ、スケトウダラ等を対象とした相互入漁に関するもの。

日ソ漁業協力協定は、ロシアの河川を母川とするロシア系サケ、マスの日本船による漁獲に関するもの。

北方四島周辺漁業枠組協定は、北方四島周辺一二カイリでの日本船の操業に関するもの。

日韓漁業協定および日中漁業協定は、相互入漁を定めるものであり、日韓との間では、日韓漁業共同委員会で、相互入漁条件やサバ類、スルメイカ、タチウオ等の漁獲割当量等の協議が行われている。日中漁業共同委員会においても相互入漁の条件等について協議されている。

なお、東シナ海の北緯二七度以南は台湾の水域となり、日中漁業協定は適用されないので、まぐろ等の好漁場でもあり、民間の日台漁業協定が結ばれている（これら二国間協定および日台漁業協定の適用水域（概念図）については、芹田編集代表『コンパクト学習条約集（第三版）』参照。なおまた、これら水域の境界画定については、芹田『島の領有と排他的経済水域の境界画定』（有信堂）、芹田『著作集』第8巻『島の領有と大陸棚・排他的経済水域』（信山社）参照）。

なおまた、日本のカツオ、マグロ類を対象とする遠洋まぐろはえ縄《なわ》漁業、遠洋カツオ一本釣り漁業等は、公海のみならず、太平洋島嶼国やアフリカ諸国の排他的経済水域（EEZ）内でも操業しており、各国のEEZ内での操業については政府間協定や民間協定によって、入漁条件等について協議が行われている。

■国際漁業管理機関

世界のマグロ・カツオ類資源は、水産庁によれば、地域または魚種別に、五つの地域漁業管理機関によってすべて管理されている。記事が言及するＩＡＴＩＣ（全米熱帯まぐろ類委員会）、ＷＣＰＦＣ（中西部太平洋まぐろ類委員会）のほか、大西洋まぐろ類保存国際委員会（ＩＣＣＡＴ）、インド洋まぐろ類委員会（ＩＯＴＣ）の四機関が、それぞれの管轄水域内においてミナミマグロ以外のすべてのカツオ・マグロ類資源について責任を負っており、南半球に広く分布するミナミマグロについては、みなみまぐろ保存委員会（ＣＣＳＢＴ）が一括して管理している、という（それぞれの管理機関の動向やカツオ・マグロ以外の資源を管理する主な地域漁業管理機関の対象水域については水産庁のホームページ参照）。

なお、マグロ・カツオ類以外の水産資源についても、底魚を管理する北西大西洋漁業機関（ＮＡＦＯ）等に加え、サンマ・マサバ等を管理する北太平洋漁業委員会（ＮＰＦＣ）などの新たな地域漁業管理機関も設立されている。

日本の島・領海・排他的経済水域・大陸棚図

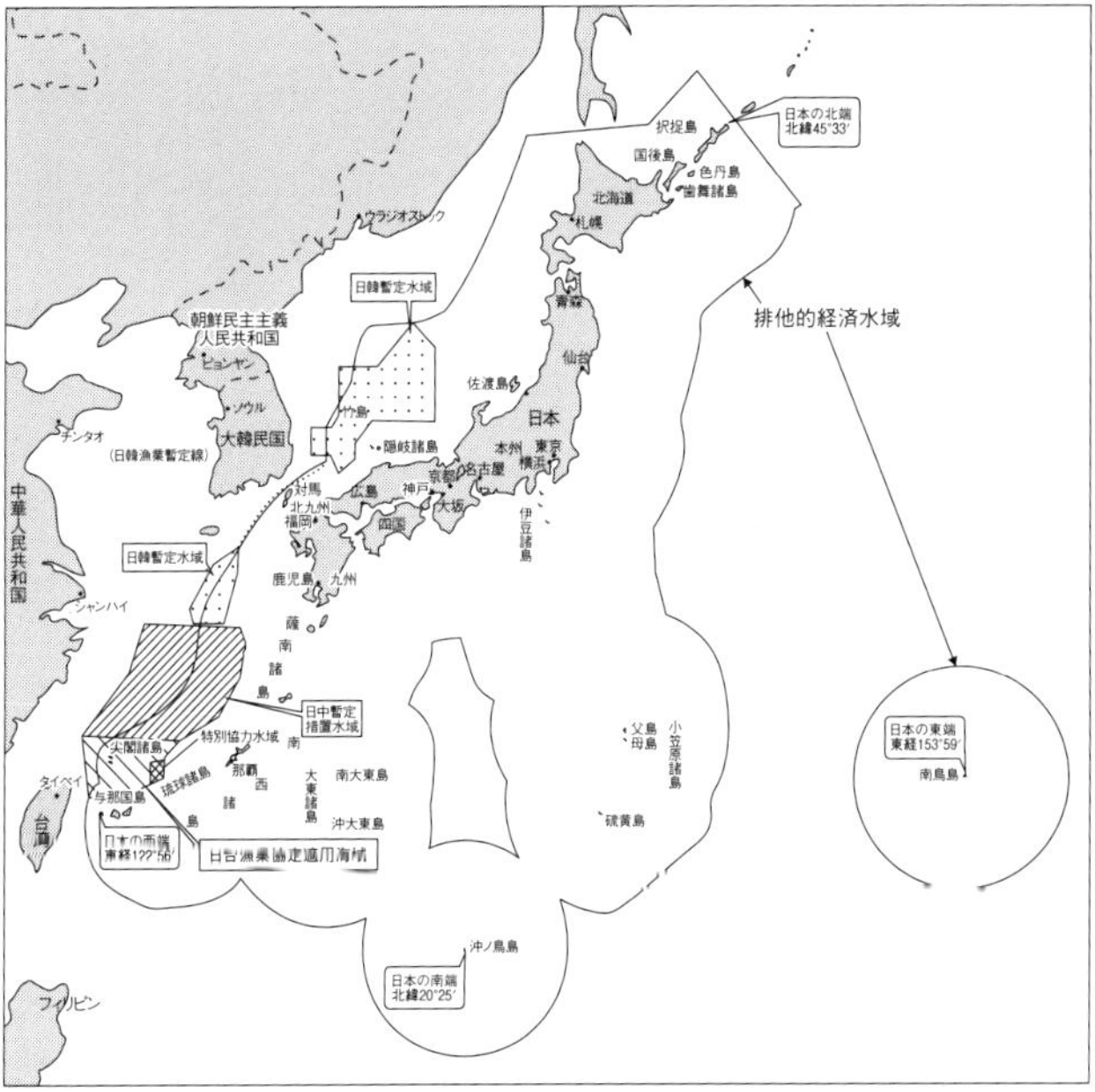

国土面積	約38万km²	領海（含：内水）+接続水域	約74万km²
領海（含：内水）	約43万km²	排他的経済水域	約405万km²
接続水域	約32万km²	領海（含：内水）+排他的経済水域	約447万km²

図は、https://www.zengyoren.or.jp/kids/oshiete/sub/2gyogyou_W/pdf/200suiiki.pdf を参考に作成した。

出典：『コンパクト学習条約集〔第３版〕』（信山社、2020年）

第一二話

米 カリフォルニア沖 原油四八万リットル流出

記事

二〇二一年一〇月五日　大量の原油流出が報じられた（『朝日』は四八万リットルと報じ、『神戸』はロスアンゼルス発「共同」で約四七万リットルと報じた）。『朝日』は、「米メディアによると、同州サンタバーバラでは二〇一五年に原油パイプラインが破損し、約一四万リットルが流出する事故が起き、沿岸の閉鎖や鳥や哺乳類が死ぬなどの被害があった。一九六九年にも、サンタバーバラ沖の原油掘削設備で約四二〇万リットルの原油が流出する事故が起きている」と記事を続け、「（原油掘削を認めるかどうかの議論が続いてきたが）今回の流出事故で、反対派の意見が強まる可能性がある」と指摘している。

■海洋環境保護に目を向けさせた二つの事故

今日の人間環境問題に全般的に対処する契機となったのは一九七二年にストックホルムにおいて開かれた人間環境会議である。人間環境会議の開催を提案したのはスウェーデンであり、スウェーデンでも日本の水俣病と同様に、事のおこりは水銀であった。

しかし、先ず世界の耳目を集めたのは、一九六七年三月中旬に英仏海峡で起きた一二万トンタンカー、トリー・キャニオン号事件である。同船は英仏海峡で座礁し、約六万トンの原油が流出し、イギリス側にもフランス側にも大きな被害が生じた。流出した油は吸い取りでは追いつかず最終的には飛行機からの爆撃で焼却処分された。

もう一つの事故が一九六九年一月にサンタバーバラ沖で起きた油井漏出であった。サンタバーバラはレジャー基地として知られ、また動物の天国としても知られていただけに、汚れたヨットや油のべっとりついた翼を羽ばたかせて飛ぼうとする海鳥等の写真によって全米の注目を浴び、大きくクローズアップされることとなった。

このように船舶事故や開発事故による大規模な海洋汚染によって、環境保全問題へ人類の目が向くようになった。しかし、一九六〇年代前半までに人類が対策を講じてきたのは、船舶からの油の排出（たとえばエンジン部分から出る油のカス・ビルジの排出や積み荷の油を降ろした後にタンクを洗浄するが、その洗浄水の排出）による海水油濁であったり、放射性廃棄物による汚染の規制であった。

■海洋汚染とは何か

いったい、海洋汚染とは何か。汚染源は何か。汚染物質は何か。こうした問題の十分な解明の上に対策が論じられなければならない。こうして、世界挙げての学際的検討が行われるようになった。

国連は、一九六九年に、政府間海事協議機構、食糧農業機構、ユネスコ、世界気象機構、世界保健機構、国際原子力機関の「海洋汚染の科学的側面に関する合同専門家グループ（GESAMP）を設けた。そしてこのGESAMPが汚染の意味を確定し、その定義は、一九七二年のストックホルム会議で人間環境宣言の原則七となった。次のように言う。

「各国は、人間の健康に危険をもたらし、生物資源と海洋生物に害を与え、海洋の快適な環境を損ない、海洋の正当な利用を妨げるような物質による海洋の汚染を防止するため、あらゆる可能な措置をとらなければならない」。

海洋汚染とは、したがって、(1)「人間の健康に対する危険」、(2)「生物資源と海洋生物に対する害」、(3)「「海洋活動に対する妨害」、(4)「快適さの損傷」のいずれかを引き起こす物質またはエネルギー（たとえば温水）を、人間が、直接または間接に、海（海洋環境）の中へ、持ち込むこと、である。

この定義は、若干の起草上の差異等が見られるが、一九七二年二月の航空機・船舶からの投棄による海洋汚染の防止に関する条約（オスロ条約）、同一一月の廃棄物およびその他の物質の投機による海洋汚染の防止に関する条約（海洋投棄規制条約）、一九七三年一一月の船舶からの汚染防止のための一九七三年ＩＭＣＯ国際条約、一九七四年七月のバルチック海域海洋環境保護に関するヘルシンキ条約、さらに一九七六年二月の地中海汚染保護条約などに盛り込まれ、第三次国連海洋法会議で採択された国連海洋法条約の定義としても採択されている。

そこで、汚染物質とは、前述(1)から(4)のいずれかの結果を引き起こす物質のことである。具体的には、次の物質がこれに含まれる。

(イ)家庭の汚物、(ロ)殺虫剤（除草剤とか水銀化合物、ＰＣＢ等を含む）、(ハ)水銀、鉛、銅、亜鉛、カドミウムなどの無期廃棄物、(ニ)放射性物質、(ホ)油、(ヘ)石油化学。有機化学製品、(ト)バルブや紙くずを含む有機廃棄物。(チ)浚渫土および不活性廃棄物、などである。これらのものが汚染物質として規制対象になる。そして、これらの物質が海に入る経路が汚染源であり、陸起源、海起源、大気性のものがある。

こうしたすべての汚染源を対象とした規制を行うことによって、海洋汚染が防止され、海洋環境保護の実があがることになる。これが、そのための国際的・地域的協力が要請される所以である。

第一三話

鴨川に浮かぶユリカモメは夜になると琵琶湖で眠る

記事

「冬の訪れを告げるユリカモメ」として、昨年二〇二〇年は、一二月八日に報じられた（『京都新聞』）。昨年の初飛来は一一月二五日であったようである。なお、二〇二一年一二月一日、『神戸新聞』（夕刊）に「冬の使者ミナトに」として、「ユリカモメ波止場で乱舞」と報じ、写真には「神戸港に飛来したユリカモメ。愛らしい表情が訪れた人々を癒《いや》している」とキャプションが付けられた。

■ユリカモメのこと

在原業平に「名にし負《お》はばいざ言問はむ都鳥思ふ人はありやなしやと」（『古今集』）

という和歌がある。伊勢物語で、遠く「武蔵の国と下総の国との中にある隅田川のほとりにいたりて、都のいと恋しうおぼえければ……白き鳥の、嘴《くちばし》と脚《あし》の赤き、川のほとりにあそびけり。京には見えぬ鳥なりければ……渡守に、「これは何鳥ぞ」問ひければ、「これなむ都鳥」と言ひけるを聞きてよめる」とある。

白い鳥で、嘴と脚が赤いので、この都鳥は今日でいうユリカモメである。僕は神戸で教職に就き神戸に住んでいるが、土曜日には京都での国際法研究会にしばしば出席していた。四條大橋の上から北山を臨むと冬には多くのユリカモメが鴨川に浮かぶのをよく見かけた。鴨川に浮かぶユリカモメは、東山を越えて朝やって来て、夜は琵琶湖で眠る。しかし、学生時代には見た記憶がないので、調べてみたら、鴨川で見られるようになったのは一九七〇年代に入ってからのようである。なお、ユリカモメは東京都の鳥に指定されている。

横道にそれるが、伊勢物語には業平が住んでいた「あしやのさと」から現在の新幹線新神戸駅裏の「いさこの山に登り」布引《ぬのびき》の滝で歌を詠んだことが記されている。このフレーズを「いざ、この山」と理解するのと、説は分かれるようであるが、母校、新神戸駅傍の雲中小学校の校歌では、眼前に広がる海を「ちぬの海」、裏山を「いさご山」と歌っている。布引の滝に登る散歩道には生田川にかかる「いさご橋」があり、橋を渡ると木々に囲まれた登山道に入る。芦屋川を跨いで国道二号線に架かる橋は「業平橋」と呼ばれる。業平はこの辺りに住み布引まで歩いてきたのであろうか。布引の山麓に立つマンションの拙宅からは、遠く関空から紀伊水道までも臨まれる。

■渡り鳥保護条約

日本に生息する野鳥の鳥の四分の三、およそ四〇〇種は、北米大陸、中国、ロシア、東南アジア諸国、など太平洋を渡っていることが確認されている。これらの渡り鳥や絶滅のおそれのある鳥類とその生息環境を保護するために結ばれている条約・協定のことを渡り鳥保護条約という（「条約」も「協定」も、「憲章」や「規約」などと同様に、国際約束である条約の名称のひとつ）。

渡り鳥等保護条約として日本は、日米（昭和四九年九月、条約第八号）、日露（昭和六三年一二月、条約七号）（旧ソ連との間で昭和四八年一〇月にモスクワで調印され、日本は翌年四月に国会承認していたが、一九九一年の旧ソ連解体後、旧ソ連の継承国ロシアとの間で効力発生）、日豪（昭和五六年四月、条約第三号）、日中（昭和五六年六月条約六号）の二国間に条約を結んでいる。うち、日米、日露、日豪とは、自国の絶滅のおそれのある鳥類を相互に通報し、輸出入規制等を行っている。通報された種は、種の保存法に基づく国際希少野生動植物として国内での流通が規制されている。条約締結国双方はそれぞれ、渡り鳥等の保全に関する施策、共同研究等に関する情報交換や今後の協力の在り方等に関する意見交換のために会議を開催しており、会議結果は日本は環境省自然環境局野生生物課から発表されている。

第一四話　渡良瀬川遊水地のヨシ焼き

記事

栃木県宇都宮市に本社を置く『下野新聞』が二〇二一年三月二一日、「渡良瀬遊水地ヨシ焼連絡会は二〇日、二一日に延期していた今年のヨシ焼きを荒天が予想されるため中止すると発表した、と報じた。

他方、利根川と渡良瀬川に挟まれた低湿地帯にある湖沼群のひとつ多々良《たたら》沼でのヨシ焼きについて、群馬県前橋市に本社を置く『上毛新聞』は同三月一九日、「ヨシ焼きで多々良に春　群馬館林《たてばやし》市と巴楽町《おうらまち》」「春の風物詩として知られるヨシ焼きが、一八日、群馬県館林市と巴楽町にまたがる多々良沼で行われた。ヨシ原が赤く染まる様子や、炎を避けて動物や鳥たちが出てくる姿を収めようと、大勢のカメラマンが集まった」と報じた。

なお、渡良瀬遊水地は二〇一二年七月三日ラムサール条約に登録された。

■ラムサール条約

渡良瀬遊水地は、足尾鉱毒事件（一〇〇年公害といわれた足尾鉱山鉱毒事件について、一九七四年五月一一日、当時の総理府中央公害審査委員会が古河工業を加害者と認定しその加害責任を認めたことによって終止符が打たれた）による鉱毒を沈殿させ無害化することを目的に、渡良瀬川下流に作られた遊水池である（強制破壊され湖底に沈められた谷中村について、荒畑寒村『谷中村滅亡史』（岩波文庫））がある。なお、芹田「地球環境保全・生物多様性への道──文学作品に読む」（芹田『著作集』第1巻所収参照）。

渡良瀬湿地は本州以南最大の湿地で、二〇一二年七月ラムサール条約の登録湿地となった。

三月下旬のヨシ焼きは、遊水地の貴重な湿地環境の保全や病害虫駆除を目的に、周辺四市二町等で組織する、前述連絡会によって実施されている。渡良瀬遊水地は湿地

（Wet land）のため多くの野鳥、植物、魚が見られる。

ところで、ラムサール条約は、イランのラムサールという都市での国際会議で採択された「特に水鳥の生息地として知られる国際的に重要な湿地に関する条約」のことであり、条約目的は、世界の持続可能な開発（sustainable development）に寄与するための「地域的国内的活動と国際協力を通じてすべての湿地（all wetlands）の保全と賢明な利用」、にある。事務局はスイスに置かれ、事務局長は現在マルタ・ロハス・ウレタである。二〇二一年一〇月九日にアンゴラが一七二番目の当事国となった。二二年一〇月二五日から二九日まで締約国会議第三回特別会合が開かれた。

日本のラムサール条約登録数は、現在、北海道が一番多く、いずれも渡り鳥が飛来するところが多いが、観光案内的に有名なところを挙げれば、丹頂鶴で有名な釧路湿原や、ミズバショウ等の貴重な植物群が見られる尾瀬、琵琶湖、宮島、秋吉台、ムツゴロウでも有名な肥前鹿島干潟、アカウミガメの産卵地屋久島永田浜、マングローブの石垣島名蔵《なぐら》アンバルなど五二ヵ所である。

私の住む兵庫県には日本海に注ぐ豊岡市の円山川下流域・周辺水田が指定されてお

り、放鳥されたコウノトリが舞っている。コウノトリは、今では各地で見られたことが報告されるようになった。

第一五話　二〇二一年ノーベル物理学賞
――地球温暖化の予測に貢献した三氏受賞と気候変動枠組条約

記事

二〇二一年一〇月六日、各紙はいっせいに物理学賞に三氏が選ばれたことを報じ、『神戸』（朝）は「真鍋淑郎氏ノーベル賞」「地球温暖化予測に貢献」「気候変動のモデル開発」、『朝日』（朝）は「真鍋氏ノーベル賞」「温暖化の予測法開発」「ＣＯ２の影響　数値化」と、トップで報じた。

■真鍋氏の功績

気候研究者がノーベル物理学賞に選ばれたことに驚いた人たちもいたが、私には判断する能力も材料もなく、正直言って分からない。真鍋氏は東京大学大学院を修了した後米国に渡り、コンピュータを駆使してモデルを構築し、二酸化炭素の増加が地球温暖化を引き起こすことを示した。温暖化への危機感がまだ低かった一九九〇年に、国連気候変動に関する政府間パネル（ＩＰＣＣ）の最初の評価報告書の執筆者を務められた、と聞く。

『神戸新聞』は社説に続く小論として「真鍋さんとノイマン」を書いている。ノイマンはパソコンの基本構造を考案した米国の数学、物理学者で、コンピューターの父と言われるそうで、ノイマンは、飛躍的に拡大する計算能力を最も有効に活用できる分野は気象予測と考えていたという。そして、若き日の真鍋さんは、ノイマンの考えに触発されて研究に没頭したと語っている、という。また、今回「人類の生存可能性」がノーベル賞の選考理由に加わったそうである（二〇二一年一〇月八日）。

『朝日新聞』は、二〇二一年一一月二二日、「『気候正義』実現への道」という「記者解説」で、「一・五度」が目指すべき共通の目標となったが、実現の可能性は減り続けている」「被害の拡大とともに、若者や途上国から『気候正義』を求める声が高まっている」「脱炭素社会の実現にはトップダウンではなく、市民の自発的な参加が欠かせない」という主張を掲げた。

私たちは、産業革命前の平均気温より一・一～一・二度高い世界に生きている。英グラスゴーで開かれた国連気候変動枠組条約締約国会議（ＣＯＰ26）では、それを一・五度までに抑えることを目指した。グラスゴーでデモをする人々の掲げるプラカードには、CLIMATE JUSTICE（気候正義）の言葉が見える。私は、この言葉がいつ生まれ、どのような内容を示すものなのかを知らない。

■温暖化とは何か

私たちの住む地球は太陽からの熱（赤外線）で温められている一方で、地球表面からは熱が放射されている。しかし、地球表面は大気に覆われ、大気中に含まれる水蒸気、二酸化炭素（ＣＯ２）、オゾン、メタンなどのガスが地表面からの赤外線を吸収し、地表面の温度を高め、一定温度に保たれている。こうしたガスのことを温室効果ガス（Greenhouse Effect Gases）という。地球には大気があり、無ければ地球の平均気温は約零下一九度と計算されるが、大気のおかげで地球の平均気温は約一五度と計算されるようである。水蒸気は、水面から昇り、上空で冷まされて雨となって落ちるように、自然に還流されているが、CO2は人為的に増加している。このガスが増えバランスが崩れると温暖化が始まる。産業革命以降、人類の活動が活発化し石炭・石油の大量消費が始まりバランスが崩れてきた。石炭火力の削減が言われる所以である。

■温暖化と災害の責任

二〇二一年一〇月八日　『神戸新聞は』、「温暖化と災害」について調査記事を載せた。「世界で猛暑、豪雨頻発」という見出しで、「スパコンで関連解明　犠牲者、五〇年で二〇〇万人」「今世紀末に五・七度上昇も　国連警告」、国内問題として「台風被害深刻、集団移転を模索」「栃木・那須烏山　浸水地域『命守れるなら』」と、当日の新聞第五面に、気候変動との関連が指摘される主な異常気象を図上に示す世界地図や浸水した那須烏山市住宅地、泥水に浸かる岡山県倉敷市真備町地区の写真とともに、見出しが踊る。

「世界気象機構（WMO）によると、一九七〇年から二〇一九年にかけて豪雨や干ば

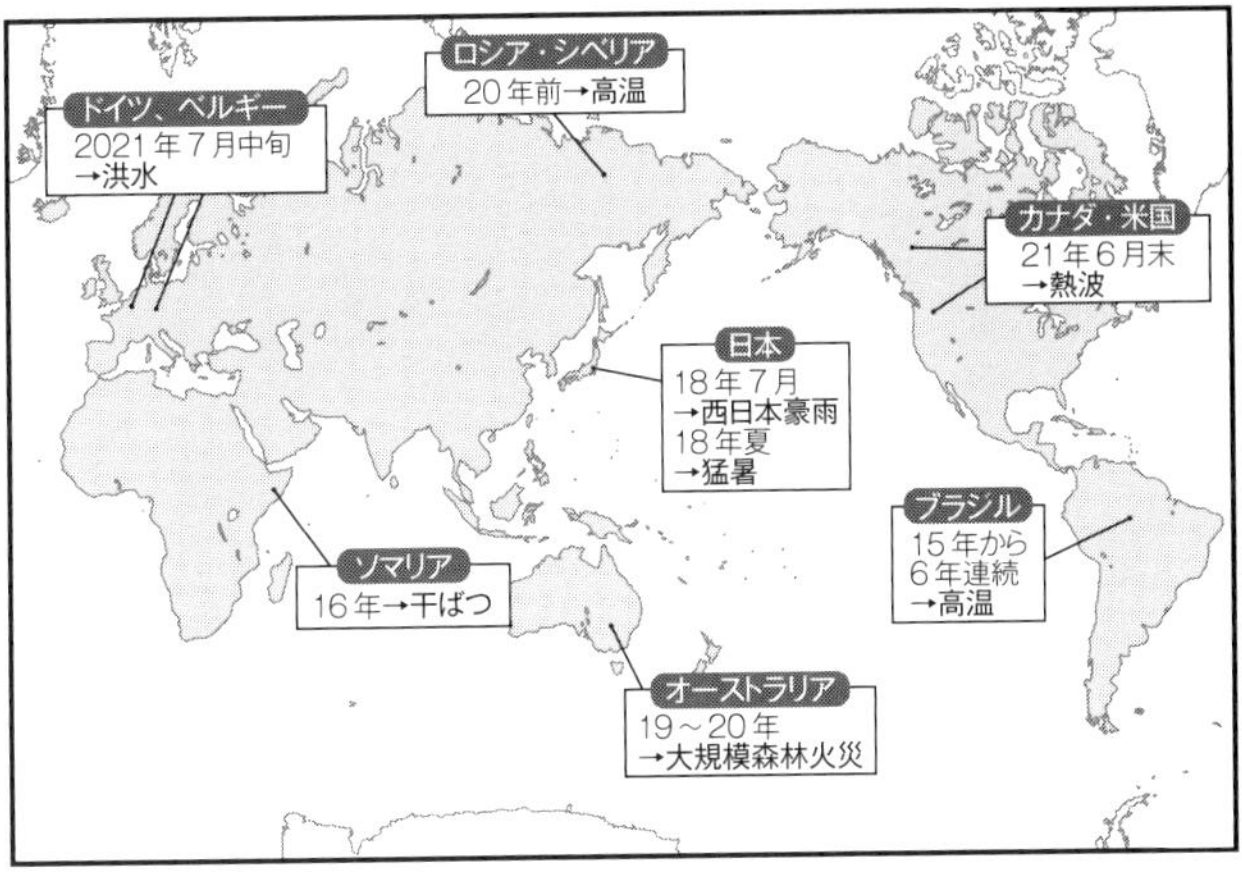

つなど異常気象との関連が指摘される災害が世界で一万一〇〇〇件以上発生し、約二〇〇万人が死亡した経済的損失は三兆六四〇〇億ドル（約四〇〇兆円）に膨れ上がっており、二〇一〇年代の発生件数は七〇年代と比べ約四倍増えている」。「気象庁気象研究所は、二〇〇人以上が死亡した二〇一八年七月の西日本豪雨について、温暖化の影響で瀬戸内地域では約三・三倍起きやすくなっていたと発表。埼玉県熊谷市で観測史上最高の四一・一度を記録した一八年夏の記録的猛暑は、温暖化がなければ起こり得なかったと評価した」。

　ところで、こうした災害の被害に対して

誰が責任をとるのか。一九七二年にスウェーデンのストックホルムで開催された国連人間環境会議で採択された人間環境宣言は第二一・二二原則で、自国の管轄または支配下にある活動による損害を引き起こさないようにする責任を認め、これらの責任・保障に関する国際法の発展を促していた。ここにいう「自国の管轄または支配下にある活動」は、一九三七年の米国・カナダ間のトレイル溶鉱所事件仲裁（the Trail Smelter Arbitration）判決から生まれたもので、事件は、カナダに源を発し、米国ワシントン州を貫いて太平洋に注ぐコロンビア川岸のカナダ領トレイルにある民間会社の溶鉱所が鉛・亜鉛を製錬し、それによって発生した多量の亜硫酸ガスが下流のワシントン州の農作物や森林資源に損害を与えたものであったが、カナダ政府は民間会社の行為を防止することをしなかったとして責任を問われたのであった。一般国際法上国家がもつ領域権を基礎にするものである（芹田『新ブリッジブック国際法入門』（信山社）参照）。

しかし、気候温暖化の場合、化石燃料による火力発電のみならず、たとえば自動車を運転することからも炭酸ガスは発生し、電気自動車への転換を大急ぎで進めてはいるものの、個別国家の責任を問うには個別国家との因果関係の立証は難しく、責任を問うことは難しい。

そこで、国際社会とくに温室効果ガスを大量に排出してきた先進国に、支援という形で、資金を提供させ、排出防止技術の開発も求めることとなった。途上国に対しては、途上国支援という名目で、資金提供がなされてきたし、今回の第二六回気候変動枠組み条約締約国会議（COP26）でも先進国は、後に言及するように、資金提供を宣言した。

■気候変動枠組条約

気候変動の要因には、自然的要因と人為的要因がある。自然の要因では、海洋の変動、太陽活動の変化、火山の爆発などがあり、特に地球表面の七割を占める海洋の海流や海面水温の変動が大気の変動に大きな影響を与える。

気候変動枠組条約は、一九九二年にブラジル・リオデジャネイロで開かれた国連環境・開発会議から生まれ、大気中の温室効果ガスの濃度を安定化させるために、地球温暖化がもたらすさまざまな悪影響を防止するための枠組みを定めた条約である。一九九二年五月に採択され、一九九四年三月に発効した。日本も当事国である。気候変動枠組

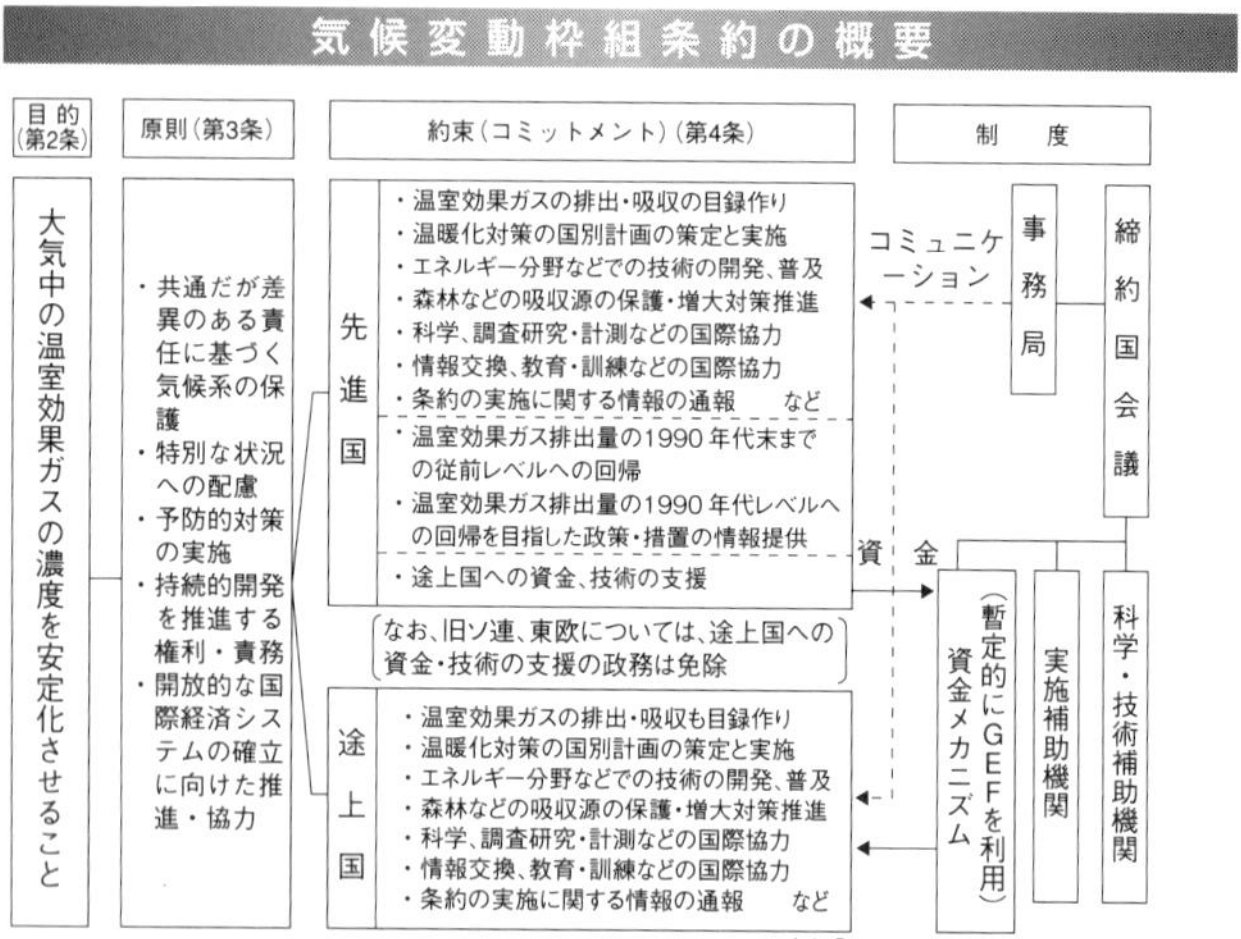
気候変動枠組条約の概要
目的(第2条)
原則(第3条)
約束(コミットメント)(第4条)
制度
大気中の温室効果ガスの濃度を安定化させること
・共通だが差異のある責任に基づく気候系の保護
・特別な状況への配慮
・予防的対策の実施
・持続的開発を推進する権利・責務
・開放的な国際経済システムの確立に向けた推進・協力
先進国
・温室効果ガスの排出・吸収の目録作り
・温暖化対策の国別計画の策定と実施
・エネルギー分野などでの技術の開発、普及
・森林などの吸収源の保護・増大対策推進
・科学、調査研究・計測などの国際協力
・情報交換、教育・訓練などの国際協力
・条約の実施に関する情報の通報　など
・温室効果ガス排出量の1990年代末までの従前レベルへの回帰
・温室効果ガス排出量の1990年代レベルへの回帰を目指した政策・措置の情報提供
・途上国への資金、技術の支援
(なお、旧ソ連、東欧については、途上国への資金・技術の支援の政務は免除)
途上国
・温室効果ガスの排出・吸収も目録作り
・温暖化対策の国別計画の策定と実施
・エネルギー分野などでの技術の開発、普及
・森林などの吸収源の保護・増大対策推進
・科学、調査研究・計測などの国際協力
・情報交換、教育・訓練などの国際協力
・条約の実施に関する情報の通報　など
コミュニケーション
資金
事務局
締約国会議
資金メカニズム(暫定的にGEFを利用)
実施補助機関
科学・技術補助機関

資料「最新環境キーワード 第２版」
（財団法人経済調査会発行）

出典：『コンパクト学習条約集〔第３版〕』（信山社、2020年）

条約の概要を記せば、次頁の図のようになる。

気候変動枠組条約は、図に見るように、先進国と途上国とを分け、条約上の義務などに差異を設け、先進国には削減義務が課された。先進国は経済発展のため多くの温室効果ガスを発生し続けており、これに歯止めをかける一方、途上国にはその発展・開発を阻害しないように配慮された（「共通だが、差異ある責任」（common but separate responsibility）原則）（条約第三条）。

■京都議定書とパリ協定

京都議定書もパリ協定も気候変動条約の下に作られた。これまで採択されてきた環境保護条約は環境悪化や損害防止を目的とし、そのために国家に報告を求め、更なる発展のための締約国会議（COP）を用意した。

京都議定書は、一九九七年に京都で開かれた第三回気候変動条約締約国会議（COP3）で気候変動枠組条約を達成するため、二〇二〇年までの具体的な枠組みを定めた。同議定書は二八ヵ条と附属書からなる。

二〇一五年にパリで開かれた第二一回締約国会議（COP21）で京都議定書に代えて新たな目標として産業革命からの世界の平均気温上昇を「二度未満」に抑え、加えて平均気温上昇「一・五度未満」を目指すパリ協定が採択された。パリ協定は、翌一六年一一月四日に発効し、日本も当事国である。なお、気候変動条約締約国とパリ協定参加国とが異なる場合（米トランプ政権下パリ協定離脱を宣言した）、気候変動条約締約国会議開催中にパリ協定に基づく決定の必要からパリ協定締約国会議を開くとき、この会議はCOP/MPO（Conference of the Parties serving as the meeting of the Parties）と呼ばれる。

■G20とCOP26

G20とは、国連安保理常任理事国の米・英・仏に、日・独・伊・加を加えたいわゆるG－7に、アルゼンチン、オーストラリア、ブラジル、中国、インド、インドネシア、韓国、メキシコ、ロシア、サウジアラビア、南ア、トルコ、EUの国家・地域を加えたものである。これは、一九七三年一〇月六日に勃発した第四次中東戦争（第八話、第九話参照）を機に、湾岸のアラブ産油国が多数を占めるOPEC（石油輸出国機構）が原油価格を七〇％引き上げたことによってオイルショック（石油危機）が起き、これによる世界の景気後退期に、パリ近郊のフランス・ランブイエ城に、フランスにより米英日独の先進経済四ヵ国の首脳が招待され、これにイタリアが加わり、さらに西欧偏重を糺すように第二回からカナダが参加し、七か国体制（G7）となった。冷戦終結後に旧ソ連（現ロシアが）加わるようになり、当初、経済先進国が経済・通貨問題を取り上げたが、後に政治問題等も取り上げて首脳間で議論するようになり、今日に至った。国連の場とは異なり、首脳たちが国際問題を論じるフォーラムとなっている。

さて、G20は今回ローマで開催された。『朝日新聞』は、二〇二一年一一月一日、「G

20『排出ゼロ』あしなみそろわず」「首脳宣言を採択　閉幕」の見出しを掲げ、「ローマで開かれていた主要二〇か国・地域首脳会議（G20サミット）が三一日、『気温上昇を一・五度に抑える』などの気候変動対策を盛り込んだ首脳宣言を採択し、閉幕した。温室効果ガスを実質ゼロにする目標年限の前倒しは難航し、『二一世紀半ばごろ』で決着。首脳の多くは英グラスゴーで始まる国連気候変動枠組条約第二六回締約国会議（COP26）に移って議論を続ける」と報じた。この裏には、世界最大の温室効果ガス排出国の中国が目標年限を二〇六〇年のまま据え置くと強調し、ロシアなども前倒しに難色を示したためと言われる。

■島嶼国の危機感

COP26に参加しているモルディブ元大統領は、上昇一・五度目標の「放棄は死刑宣告」と訴えた（『朝日』二〇二一年一一月一〇日）。大統領を務めていた二〇〇八年～一二年に既に、温暖化により、風は強くなり、波は高くなり、雨季が長くなっていること、そして、サンゴが白化することにより、波が押し寄せ、海岸浸食が激しくなっていること、飲み水にも海水が混じり塩水化していること、生物多様性も失われ、魚が減り、まぐろの漁場も失われたことを訴えていた。モルディブは国家予算の三割以上を気候変動対応に用いているという。「損失と被害」への対処の必要性はパリ協定でも触れられているが具体化は進んでいない。

削減対策を強化するためには資金が不可欠であり、COP26首脳会合で、「米国は途上国に年一・三兆円　ドイツ年　八〇〇〇億円　日本一・一兆円追加へ」と発表され、世界三番目の排出国であるインドが、今回初めて七〇年までに排出の実質ゼロを目指すことを宣言した。また、ブラジルも三〇年の排出量を〇五年比で三〇％削減することを表明した。

二〇二一年一一月二一日、『神戸新聞』は「米、『温暖化対策主導役に復帰』」中国不在の間に猛アピール」と報じた。こうした競い合いは人類にとって大きな意味をもつ。国益のみを主張するのではなく、こうした人類益を念頭に置くことこそが求められる。

時あたかも米国籍の真鍋氏に米国でノーベル賞の金メダルが渡されたニュースが飛び交った。良い年末から新年を望みたい。

あとがき

「せりけんシリーズ」と名付けられた新書第2も、コロナウイルス（COVID19）のパンデミックの中で書き進められた。

昨秋になるが、コロナウイルスとの共生のことがウィズ・コロナとして語られていたころ、京都大学名誉教授で歌人の永田和弘さんが、「ウイルスはいかにも外国語っぽいが、実はれっきとした日本語……。一九五三年に『日本ウイルス学会』を作るときに『ウイルス』と呼ぶことに決められた」と書き始め、「太古の昔からウィズ・ウイルス」と題して、「遺伝子の総体、これをヒトゲノムと言うが、ヒトゲノムの約一割がウイルス由来の遺伝子であるという。なかには、子孫を残すのに必須の役割を持つ遺伝子まであり、何のことはない、ウイルス遺伝子の力を借りなければ、人類の継続性が保障されないという訳である。人類は太古の昔から、『ウィズ・ウイルス』を実践してきたのだった。
　不思議な春。不思議な夏であった。始まったという意識もないままに、何とも中途半端なこの夏もいつのまにか終わってしまった。ツクツクボウシは、本当に『もういいよ』って鳴いていたのである。」と喝破され、次のように歌っておられた（『神戸』朝刊二〇二〇年一〇月一五日）。

数かぎりなき死と引き換えに飼ひならし
　我らウイルスの遺伝子を持つ

銃口を向けられヨシと許されて
　入りゆくなり小《ち》さき居酒屋

始まらぬ夏が終はれば
　モーイイヨ、モーイイヨってツクツクボウシ一年が経ち、数度の非常事態宣言を繰り返し、ワクチン接種の効果でもあるのか、新たなコロナ患者の数は激減した。しかし、政府の諸施策への検証で見えてきたことに、知の軽視、一斉休校には効果がなかったこと、会計検査院によると大量のマスクの在庫（今年三月時点で一一五億一〇〇〇万円相当）があり保管料（昨年八月～今年三月まで約六億円）がかかっていること（『神戸』夕刊二〇二一年一一月五日）等、場当たり的な施策がある。医療・保健の現場は相変わらず厳しく、仕事や雇用は戻らず、社会の格差も広がる一方である。

世界や社会にリモート利用が定着し、次の世代の人びとの生活様式が見えてきた半面、現場は混乱し、いまだ負の側面の収束方法は見えず、大学の現場では、一年生や保護者は対面授業を求め、他方、慣れた三、四年生からはリモート講義が求められる矛盾。教師からは、答案から見える、文章を書けなくなった学生の多さ、学力低下の懸念、また研究費逓減がジワリと研究レベル低下につながり、大学全体ひいては社会全体が危機に陥るのではないか、という危惧、等が語られる。

時は、こうした諸々《もろもろ》を抱え込んで、誰にも見えない新しい時代へと流れている。新聞記事にも、そうしたことが色濃く滲み出ている。

二〇二一年一二月八日

対英米宣戦布告から八〇年を経て
神戸・布引山の麓にて
芹田健太郎

〈著者紹介〉
芹田 健太郎（せりた　けんたろう）

神戸大学名誉教授
1941年旧満州国生まれ、1963年京都大学法学部卒業、1966年同大学院法学研究科博士課程中退
神戸商船大学助手、神戸大学法学部教授・大学院国際協力研究科長。定年後、愛知学院大学大学院法務研究科長、京都ノートルダム女子大学長を歴任。2017年瑞宝中綬章。ほかに、現在、（公財）兵庫県国際交流協会評議委員長、（NPO法人）CODE海外災害援助市民センター名誉代表理事
本書に関連する著作は、『芹田健太郎著作集』全13巻（信山社、2019～2020年）、『国際人権法』（信山社、2018年）、SERITA Kentaro, The Territory of Japan : Its History and Legal Basis, 27, March 2018, Japan Publishing Industry Foundation for Culture (JPIC) Tokyo, 新ブリッジブック『国際法入門』（信山社、2020年）

信山社新書

せりけんシリーズ 2

新聞記事と国際法の話

2022（令和4）年3月25日　第1版第1刷発行

©著　者　芹　田　健　太　郎
発行者　今　井　　貴
　　　　稲　葉　文　子
発行所　㈱　信　山　社
〒113-0033 東京都文京区本郷6-2-102
電話 03(3818)1019　FAX 03(3818)0344

Printed in Japan, 2022　　印刷・製本／藤原印刷株式会社

ISBN 978-4-7972-8111-8 C1231 ￥880E